だいわ文庫

本屋さんで待ちあわせ

三浦しをん

大和書房

はじめに

一日の大半を本や漫画を読んで過ごしております。こんにちは。

いまも、この「はじめに」を書こうとして、「いや、そのまえに景気づけに本を読もう」と思い立ち、『江戸東京の地名散歩』（中江《なかえ》克己《かつみ》、ベスト新書）を手に取ったらそのまま夢中になってしまい、気づくと夜になっていた。本日の仕事が全然終わってないのに……。

というわけで（？）、本書は一応「書評集」だ。ちゃんとした評論ではもちろんなく、「好きだー！」「おもしろいっ」という咆哮《ほうこう》になっちゃってるので、お気軽にお読みいただければ幸いです。取りあげたのは、個人的にはおすすめの本ばかりなので、ブックガイドとして少しでもみなさまのお役に立つといいなと願っております。

私は本を紹介する際に、ひとつの方針を立てている。「ピンとこなかったものについては、最初から黙して語らない（つまり、取りあげてあだこうだ言わない）」だ。

ひとさまの本に、えらそうにあれこれ言っておきながら、自分が書いてる本はどうなんだ。そう問われるとグゥの音《ね》も出ない。そこで姑息《こそく》にも、批判的にならざるをえない本や漫画への感想は、公には表明しないことにしている。また、たとえ私にはピンとこなかったとしても、その本や漫画を好きなかたが当然おられるのだから、わざわざネガティブな感想を表明して、該当の書籍やそれを好きなひとたちを否定する必要も権利もないと考えるからでもある。

ひとによっていろんな読みかたができるから、本や漫画はおもしろい。

本書の内容について、ここいらで軽く説明いたしましょう。

一章と五章は、本にまつわるエッセイや書評。新聞、雑誌に掲載されたものを集めた。二章と三章は、読売新聞に掲載された書評。二年間、読売新聞の「読書委員」をやらせていただき、月に二本程度、新刊の書評をしていたのである。

「委員」というと、なんだかかたいそうな役割を果たさなきゃいけない感じがするが、実態はちがう。月に二回、二十人ぐらいの読書委員が集まり、お弁当を食べながら、ずらっと並んだ新刊を手に取って眺める。「いいな」と思った本があったら、どんどんまわしていく。

それぞれが「いいな」と思った本を、全員が眺め終わったあとは、検討に入る。一冊ずつ、その本を新聞の書評欄で取りあげるか否か、議論するのだ。検討した結果、「取りあげよう」となった本は、「いいな」と思ったひとが持ち帰り、熟読して書評原稿を書く。

さまざまな分野の専門家が委員をやっているので、いろいろなお話しを聞けて、ふだんは手に取らないような本に触れることもでき、とても楽しかった。本は、一人で読むのもいいけれど、みんなでわいわい言いながら選んだり読んだりするのも、刺激的でいい。思い出深いのは、某氏とダッチワイフの本をめぐって壮絶な取りあいになったことだ（両者、「俺が書評する！　俺こそがふさわしい！」と主張）。結局その本については、某氏が素晴らしい書評をお書きになった。

読書委員会で、私は「色物担当」と目《もく》されていた。なぜだ。改めて見返してみても、特に色物を取りあげてるとは思えないのだが……。あ、色物ってのは、私が色っぽいって意味だったのかな？　ちがうか。私の存在自体が色物ってことか。

ただ、新聞の書評欄だからといって、真面目っぽい本ばかり取りあげる必要はあるまい、とは思っていた。すべての本には、等しく価値がある。読んで「いいな」と感じたら、それを書評という形で率直に表明することを心がけたつもりだ。

四章は、『東海道四谷怪談』についてのエッセイ。現在でも歌舞伎の人気作で、ちょくちょく上演されているが、これは台本を読んでも相当おもしろい作品だ。江戸時代のニョロニョロした字では読みようがないが、活字になった本が出版されているので安心である。歌舞伎の舞台だと、直近では、勘太郎時代の中村勘九郎（六代目）が演じたお岩がとてもよかった。真面目な武家の女が、所帯じみてなお誇りを捨てていない感じ、「これはちょっと、一部の男に鬱陶《うっとう》しがられるかもしれないな」という感じが、絶妙だった。

本書ではあまり漫画について触れられなかったので、「おわりに」では「最近読んだ本」ということで、漫画にも言及しています。もちろんBLもあるだよ。

いやあ、本や漫画って、本当にいいものですね！　サヨナラ、サヨナラ、サヨナラ！（淀川長治《よどがわながはる》さん調）

って、いまからはじまるのに、お別れの挨拶をしちゃダメー！

「そろそろ買っておいた漫画を読むっぺかな」と、気もそぞろになってしまった。まだ原稿用紙五枚ぐらいしか書いてないのに。本日の仕事も全然終わってないのに。

どうしてこんなに本や漫画が大好きなのか。読まずにいられないのか。たまに自分がこわくなる。ほかにするべきことあるだろ、掃除とか洗顔とかダイエットとか。

もしかして前世は、本に棲息している虫かなんかだったのか？　それとも、ひとを読書へと駆り立てることで恋や美容から遠ざけるような、悪霊に取り憑《つ》かれているのか？　そうとでも考えないと、本や漫画に対するこの執着が説明つかん！

前世や悪霊が原因だとしたら、もうしょうがないですよね（思考の放棄）。思うぞんぶん、読書に勤《いそ》しみます。え、本日の仕事？　あばばば、聞こえません。私は仕事をするために洗顔をそっちのけにしているのではない。本や漫画を読むために洗顔をそっちのけにしているのだ！

「ダメっぽいことをえらそうに言って煙に巻く」戦法でした。

それでは、はじまり、はじまりー。お楽しみいただければ幸いです。

※文庫化にあたり、本文にちょこちょこ「文庫追記」を加えました。単行本時にご紹介した本の関連情報などをお伝えできれば、親切設計な文庫になるかも、と思ったためです。しかし、いざ「文庫追記」を書きはじめたら、ここ数年、記憶力の低下が著しいうえに、直近一年間はあまり活字を読んでいなくて、「なんも覚えとらんし、書くことねー」という事実が判明した。

このままでは、残念設計な文庫になってしまう……！　脳みそと死力を振り絞って「文庫追記」に励みましたので、「貴様の脳みそと死力は振り絞ってもこの程度なのか」ってところもご堪能いただければ幸いです。

結果を問われるのは政治のみでなければならぬ。我々市民は本来、生きてなにをしたかではなく、生きたという事実さえあれば、それで充分な存在であるがゆえだ。

byアリストテレス

嘘です。アリストテレスはたぶんこんなこと言ってない。アリストテレスの本を読んだことないくせに、いまテキトーにでっちあげました。ごめん、アリストテレス。

「それっぽいことをしたり顔で言って煙に巻く」戦法でした。

本屋さんで待ちあわせ◎目次

二章

愉しみも哀しみも本のなかに

三章 本が教えてくれること

四章　読まずにわかる『東海道四谷怪談』

五章　もう少しだけ、本の話

本書に掲載されている書誌情報は、初出紙誌掲載時のものです。ただし、その後、文庫化されたものや新装版が出版されたもの、続巻が出たものについては、その書誌情報を（　）内に記しています。

複数の版があるものについては、主として入手しやすいと思われる情報を掲載しました。

本屋さんで待ちあわせ

一章

口を開けば、本の話と漫画の話

『女工哀史』に萌《も》える

友人Aちゃんと「小さいころに好きだった本」について語らっていて、度肝を抜かれた。

Aちゃんが頬《ほお》を紅潮させ、

「小学生のころの愛読書は、『女工哀史』（細井和喜蔵《ほそいわきぞう》、岩波文庫）でした！」

と言ったからだ。

「じょじょじょ、女工哀史!?　それって小学生の女の子が読むような本かな」

「いや、あれはホントにおもしろいですよ。工場での男女関係についてとか、ドキドキしながら熟読したのを覚えてます」

「うーん……。なんでまた、『女工哀史』を手に取ってみようと思ったの？」

「そのころの私は、『女工萌え』だったんですよ。もちろん当時は、『萌え』という言葉はありませんでしたが」

と、Aちゃんはますます頬を赤らめた。

「萌え」ってなんだかわからん、というかたのために一応簡単に補足すると、「とにかくモヤモヤジレジレしてたまらない気持ち」だと思えばよろしかろう。小学生だったAちゃんは、「女工」に対して内面から湧《わ》きあがる理由なきモヤモヤを抱いていたわけである。

「女工萌え」が高じたあまり、『あゝ野麦峠』（山本茂実《やまもとしげみ》、角川文庫）も『日本の下層社会』（横山源之助《よこやまげんのすけ》、岩波文庫）も小学校時代に読破したというAちゃんに敬意を表し、未読だった『女工哀史』を私もさっそく購入。読んでみた。

おもしろい。たしかにこれはおもしろい！「よくこんなことを女性から聞きだせたなあ」というプライベートな部分まで、ちゃんと記《しる》してある。

しかし私がなによりも胸打たれたのは、著者の細井氏の徹底した男女平等の視線だ。細井氏は劣悪な条件で働く工場の女性たちに、立ちあがって正当な権利をつかむよう強くうながす。細かいデータと生々しい証言を集め、工場とそこで働く人々の実状を、「これでいいのか」と高らかに世に問う。

この本に書かれた社会のひずみと女性を取り巻く問題点は、もちろん改善されてはいるが、いまも完全な解決には至っていないと言っていいはずだ。

情熱に満ちた本との出会いはいつでも、情熱を持った読み手に導かれて生じる。Aちゃんの熱き心に、深く感謝したのだった。

読むと猛然と腹が減る

一人で食事するときは、たいていなにかを読みながら食べる。そして私はたいてい、家でも外でも一人で飯を済ます。必然的にほとんどいつも、食事は読書とセットである。

このごろでは、片手でページをめくりやすいことを基準に、外食時のメニューを選ぶようになった。フォークとナイフを使うような洋食は駄目だ。和食も、茶碗《ちゃわん》やらお椀《わん》やらを頻繁に、箸を持たぬほうの手で持ち替えねばならないから避ける。結局、酒のつまみと酒ばかり口に入れることになる。

「本を読みやすい」ことを第一に食事のメニューを決めるのと同じく、「食事時にふさわしい内容の本」を吟味《ぎんみ》するのも、またなかなか難しい。

登場人物がつらすぎる目に遭《あ》ってたりすると、「呑気《のんき》に食べててすみません」という気分になっていけない。また、性描写が濃厚すぎると、食事そっちのけで読みふけってしまう。悲しすぎず、生々しすぎぬものが、食事時には向くようだ。

今日は昭和の喜劇役者・古川緑波《ふるかわろっぱ》の『ロッパの悲食記』（ちくま文庫）を読んだ。これは食事時の本として最適だなと思った。とにかくロッパ氏が食べる食べる。

戦時中の日記を読むと、おおかたのひとが満たされぬ食欲を嘆いているものだが、こんなにも食欲を訴え、さらにその食欲を満たすためになりふりかまわず邁進《まいしん》してるひとははじめてだ。情熱という言葉ではなまぬるいほどの食欲。おいしいご飯をブラックホールのごとく無尽蔵《むじんぞう》に吸いつくす強靱《きょうじん》な胃袋。

「またすごい質量を食べてるー!」と読んでいておかしいのだが、同時に少しの哀しみもある。「悲食記」とは言い得て妙で、食事のことばっかり考えてる(ように見受けられる)ロッパ氏は、いくら食べても腹が減ってしまう生き物の哀しみと不毛に、無謀にして悲愴《ひそう》な戦いを挑んでいるかのようだ。

崇高さと威厳を感じさせるロッパ氏の食への飽くなき欲求に触発され、私も食事時でもないのに猛然と腹が減り、困ってしまった。深夜についに耐えきれなくなり、コンビニのたらこスパゲティーを食べる。四百九十九キロカロリー也。嗚呼《ああ》。

読むと食欲が湧きすぎる本。罪つくりなロッパ氏であった。

強風アパートの悲劇

私の住むアパートは小高い丘というか崖《がけ》のうえにあり、とても強い風が吹きつける。悪天候だった先日、玄関のドアを開けて傘を差《さ》した次の瞬間、その傘は「おちょこ」になって、アパートの外廊下の端から端まで百メートルぐらい吹っ飛んでいった。いや、百メートルというのは大げさだった。そこまで巨大なアパートではない。十五メートルぐらいかな。とにかく、あともうちょっと体重が軽かったら私も傘と一緒に吹っ飛びそうなほど、危険な強風地帯なのだ。

さて、本はなるべく書店で買うようにしているのだが、急を要するのに書店で見あたらなかった本や、夜中に欲しくて辛抱たまらなくなった本は、ネット書店で購入することもある。クリックひとつでクレジット決済され、ほとんどが翌日には家に届くので便利だ。

ところが、注文した『三原順傑作選《みはらじゅん》'70ｓ』（白泉社文庫）が待てど暮らせど配達されない。「発送完了」メールが来たにもかかわらず、だ。

おかしい、と首をひねりつつ一週間ほどが経《た》ったある日、「もしや」と思い、崖下を覗《のぞ》きこんでみた。なにやら白っぽい袋が落ちている……。

それこそが待ち望んでいた漫画文庫だった。ネット書店も宅配会社も堅実に仕事をしてくれたのに、私の捜索能力が低かったために、風に飛ばされた荷を発見できなかったのである。

危険を顧みず、果敢《かかん》に崖を下りる。漫画文庫は二倍ぐらいにふやけ、ページに点々と黒いカビを繁殖させていた。うわあ、崖下に一週間放置しただけで、カビってこんなに生えるんだ！

もちろん、乾かしてから読んだ。ゴワゴワになったページは開きにくく、カビ臭が激しくくしゃみを誘発した。部屋に置いておくのは危険すぎる。ほかの本にカビが移りそうだし、人体にも有害かもしれない。かといって、私の不注意からこんな姿になってしまった本を、あっさり捨てるのも気が引ける。

どうしたものかと迷ったすえ、とりあえずポリ袋に入れて密封した。それから書店を何軒かまわり、同じ本をもう一冊購入。ポリ袋内のカビの動向を観察しつつ、新規購入したほうの本を落ち着いて味わった。

キュリー夫人の暖房術

子ども向けの「キュリー夫人」の伝記は、幼かった私に衝撃をもたらした。キュリー夫人の偉大さに胸打たれたのではない。

その伝記でキュリー夫人は、自分の体に椅子《いす》を載《の》せて寝ていたのだ！　貧しいなかで研究に打ち込むキュリー夫人が、寒さに耐えかねて取った苦肉の策なのだが、薄い毛布のうえに椅子を載せたからって、あたたかくなるか？　それって単なる「気のせい」じゃ？　物理界の偉人らしからぬ行いではないかと思えてならなかった。

さて、私の住むアパートは寒い。冷凍庫の扉を開けたら、流れでてきた空気があたたかかった。冷蔵庫ならまだしも、冷凍庫より寒い台所ってなんなんだ。ここはホントに東京か？　としばしば疑問だ。

寒さに震えながらベッドに入る。シングルベッドなのだが、枕元から足もとに至るまで積まれた本によって、幅の半分はふさがっている。狭い。ミイラみたいに硬直して寝るしかない。

その晩も、布団にくるまりミイラになっていた。「凍死」という言葉が実感をともなって脳裏に浮かび、思わず身じろぎした瞬間、事件は起きた。スプリングのわずかな軋《きし》みに敏感に反応し、ベッドの半分に積んであった本の山が、私のうえにいっせいになだれ落ちてきたのだ。

痛いし重い。顔面を直撃した本をなんとか払いのけようと頭を振り、そこで私はふと気づいた。痛いし重いが……、すごくあったかい！

全身になだれ落ちた本が重石《おもし》となり、いい塩梅《あんばい》に布団を体に密着させてくれるのだ。ふわふわした隙間《すきま》がないから、体熱が逃げない。ものすごくぴったりフィットした、高性能の寝袋（しかしすごく重い）に包まれているかのようだ。

キュリー夫人、やっぱりあなたは偉大です！　椅子を載せて寝たのも、「気のせい」に期待したわけなんかじゃなく、物理学的（？）深謀遠慮に基づく行いだったのですね……！

本は暖房がわりになる、ということを知った。もしいまポックリ死んでしまったら、死体発見者は私の死因を凍死と圧死のどちらと判断するのだろう、と考えながら、本を全身に載せて気持ちよく寝た。

追記：その後、『キュリー夫人伝』（エーヴ・キュリー・著／河野《こうの》万里子《まりこ》・訳、白水社）

も読んだ。壮絶なまでの研究一直線ぶり（大人向けの伝記でも、やはり椅子を載せていた！）。彼女は名声のためではなく、純粋に好奇心に突き動かされて研究した。偉大な人間は、ごくたまに実在する。

文庫追記：その後、小説の取材で理系（植物学）の研究室にお邪魔する機会があり、私は認識を改めた。「名声のためではなく、純粋に好奇心に突き動かされて研究」するひとは、「ごくたまに」どころか大勢存在する！　というか研究って、文系理系を問わず、きっとそういうものなんでしょうね。「ひとの役に立ちたい」や「大金を稼ぎたい」が動機の第一に来るひとは、たぶん地道な研究に一生を費やすことはできないのだろう。

これは良し悪しや優劣ではなく（「ひとの役に立つ」や「大金を稼ぐ」も大事なことだ）、向き不向きの問題だと思う。つまり、ひとつのことを持続して行いたいとき、最も有効なモチベーションは「好奇心」なのではないか。「ひとの役に立つこと」や「大金を稼ぐこと」に好奇心（「興味」とも言い換えられる）を抱きつづけられるひともいるだろうけれど、少数派だと思われる。なぜなら、「役に立つこと」を追求しても、正当に評価されて褒められたり報われたりする機会は少ないだろうし、「金」への興味を持続するのはもっとむずかしいはずだからだ（そう簡単に大金を手に入れることはできないし、なにより、ひとは関係性のなかで喜びや悲しみや満足感を覚える傾向にある生き物なので、「金」というある種仮想の概念のみに全精力を傾注しても、いずれ「むなしい」と感じるときが来る気がする)。

その点「研究」は、すぐにひとの役には立たないものだし、大金も稼げないけれど、論理がものを言う世界なので、評価軸が比較的はっきりしており、「斬新な研究だ」と褒められ、報われる機会がありそうだ(斬新すぎて、認められるまでに時間のかかる研究もあるだろうけれど)。また、専門的になればなるほど、研究者同士が顔見知りというケースが多く、同好の士との濃密な関係性を味わえる(それが面倒くさい場合もあるだろうけれど、認めあい助けあって、より研究の高みや深みを目指せるのは楽しそうだ)。なにより、研究してもしても、完全に謎が解けるということはなく、むしろどんどん知りたいことが増えて、好奇心が底を突かずにすむ。

なにかの研究にたまたま取り憑かれたひとは、研究が本来持つ特性上、好奇心が尽きることがないので、一生をそれに懸けられるのだろう。逆に言えば、好奇心が尽きないようなものに興味を抱く感性を持ったひとが、研究に向いているのだろう。

実は私の父親も、文系の研究者である。私が物心ついたときには、すでに父は本に囲まれ、連日、夜遅くまで机に向かっていた。そしておそるべきことに、それから四十年近く経ったいまも、彼は連日、夜遅くまで机に向かっている。そろそろ飽きていい頃合いじゃないかと思うし、「お父さんはどうかしてるよね」と母や弟ともめずらしく意見の一致を見ているのだが、父としては「全然飽きない」んだそうだ。「その研究をして、なにかいいことはあるの？　ほら、人々の暮らしが革新的によくなるとかさ」と聞いても、「なにもない」とのこと。「無為だ。しかし無為に耐えるのが生きるということだ」。

なんかかっこよさげなことを言ってるが、「玄関の脇で繁茂してる木の枝をいいかげん切ってほしい」という母の要求を、面倒くさいからなんとか回避したい一心で口走ってるだけだ。

無為に一生を懸けられる執念がこわい。だが父を見ていると、好奇心が尽きない「なにか」にめぐりあえて、幸運かつ幸福なひとだなとも思う。テコでも机から離れようとしないので、周囲の人間は相当いらつかされ、あきれさせられますけどね……。いいから早く木の枝を切らんかい！

星座読み

一人の人物の伝記をじっくり読みこむのもいいけれど、ひとつのテーマのもとに、多様な人物の評伝をまとめた本も好きだ。

たとえば、山田風太郎《やまだふうたろう》の『人間臨終図巻』（徳間文庫、全四巻／角川文庫、全三巻）。古今東西のさまざまな人物（政治家や芸能人など、職業は多岐《たき》にわたる）が、いかにして死んでいったか、享年《きょうねん》順に並べてある。「これまで地球上で、いったい何人が死んだんだろう」と気が遠くなるが、いまは亡き人々が生きた時間と、彼らの人物像とを、もっと知りたい気持ちにもなるから不思議だ。

梯久美子《かけはしくみこ》の『昭和二十年夏、僕は兵士だった』（角川書店／角川文庫）は、金子兜太《かねことうた》や水木《みずき》しげるなど、従軍経験のある五名にインタビューしたノンフィクション。戦争という大きな暴力の渦中に投げこまれた彼らは、目撃した無数の死をどう受け止めて戦後を生きてきたのか。本書もやはり、死を通して生を見据えた評伝だと言える。

一冊のなかで複数名を取りあげる形式だからこそ、「死」や「戦争」といったテーマがより明確になる。ひとつの出来事に遭遇しても、人物がちがえば当然、反応や感じかたが異なる。複数名についての評伝は、人間の多様性を、一人一人に与えられた一回かぎりの生を、鮮やかに浮き彫りにする。

赤坂憲雄《あかさかのりお》の『東北知の鉱脈』（荒蝦夷《あらえみし》、全三巻）は、東北にゆかりの深い人物を集めた評伝。「島尾敏雄《しまおとしお》は九州のイメージが強かったが、バックボーンには東北があったんだなあ」など、いろんな発見がある。後藤新平《ごとうしんぺい》（政治家）と土方巽《ひじかたたつみ》（舞踏家）が目次に並ぶなんて、東北というひとつの地域に焦点を当てなければ、まずありえないことだろう。

こうした、複数名についての評伝を読むことを、私は「星座読み」と命名している。星座を構成するひとつひとつの星を、ロケットを飛ばして入念に探索するのは、現状では不可能だ。それと同じように、評伝で取りあげられた人物一人一人を、いますぐ詳細に調べてみようとは思わない。

ただ、「著者がなぜ、このテーマを選んだのか」「なぜ、これらの人物を一冊の本に集結させようと思ったのか」を考え、星の光を集めるように、胸に留めておきたいと思うのだ。同じ星々を選んでも、結びかたが異なれば、星座はまったくちがう形になる。星のようにちらばっていた人間を、それぞれの著者のやりかたでゆるやかに結びつけ、夜空に新しい絵を描いてみせる。壮大でロマンティックな発想を感じるから、「複数名についての評伝本」が好きなのだ。

文庫追記：『昭和二十年夏、僕は兵士だった』のシリーズとして、同じく梯久美子の『昭和二十年夏、女たちの戦争』（角川文庫）もおすすめだ。直接的に戦地に行っていないひとにも、戦争は当然ながら多大な傷と痛みをもたらす。戦争に直面した女性たちの声に耳を澄ませることで、社会的に弱い立場にあるひと（男女を問わず）にこそ、戦争はより残酷に犠牲を強いる構造を持っているのだ、と明らかになる感があった。この一点をもってしても、戦争にだけは絶対突入しちゃいけないとつくづく思う。

ちなみに島尾敏雄関連でいうと、これまた梯久美子が、『狂うひと「死の棘」の妻・島尾ミホ』（新潮社）というノンフィクションを刊行した。書くものすべて傑作って、どうなっとるんじゃ梯氏は、と思うが、腹を見せて全面降伏するほかない一冊。私はもともと、島尾敏雄より、妻である島尾ミホのほうが小説家としての才能があるんじゃないかと感じていた。本書を読むと、その確信がますます深まるのだが、同時に島尾敏雄作品についても、「もう一度、虚心坦懐《きょしんたんかい》に読んでみよう」という気にさせられ、しばらく島尾夫妻のそれぞれの小説を再読する期間がつづいた。結果、やはり私は島尾ミホの作品のほうが断然好みだと判明。いやいや、敏雄隊長の小説もいいんですけど、空前絶後のきらめきという点では……、むにゃむにゃ。

島尾敏雄の執念が『死の棘』を生みだし、それに伴う壮絶なあれこれが、島尾ミホのきらめく作品群を生みだし、という経緯を、『狂うひと』は丹念に解き明かしている。これって、「天賦の才」と「書くことへの執念」の相克の問題でもあるなあと思う。すんごく平たく言うと、「気が乗ったときに書いたものが傑作」になるひとと、「天才ではないんだけど、常に書きたい、書かずにはいられない」ひと、ってことだ。天才ならぬわたくしとしては、絶対に自分では書けないような小説を書きはじめた妻を見て、島尾敏雄はどんな気持ちだったんだろうなあ、と視界が曇る。敏雄隊長のこと、きらいにはなれん。

梯久美子の著作の素晴らしいところは、対象人物に関して、「うわ、ややつだな」と思える面もたくさん描かれるのだが、読み終えると、そのひとを好きになってしまう点だ。人物を多面的に掘り下げ、複雑性を帯びた「人間」として提示してくれるので、その人物の魅力が新しい姿で読者に伝わってくるからだろう。

島尾ミホの小説で、現在一番入手しやすいのは『海辺の生と死』（中公文庫）だと思うが、『祭り裏』（中央公論社）もすごい。いずれも、機会があったらぜひどうぞ。もちろん、敏雄隊長の『死の棘』（新潮文庫）も必読の書ですし、『妻への祈り　島尾敏雄作品集』（梯久美子・編、中公文庫）も、隊長の意外なメルヘン心がうかがわれて楽しいよ！

ロシア文学を最後まで読めたためしがない。というひとは、実はけっこういるのではないか。いると信じたい。私は、「カラマーゾフ家は、はたして何人兄弟なんだろう。ウルトラ兄弟よりも人数が多かったら、驚きだなあ」などと思っている。「カラマーゾフ」は名字にちがいない、というのはあくまで推測で、もし村の名前だったりしたら、これまた驚きだなあ。

通読の妨《さまた》げとなっている最大の要因は、やはり、ロシア人の名前を覚えにくい、という点だろう。しかし日本人の名前だって、相当覚えにくい。たとえば、『平家物語』だ。『平家物語』を知っていたほうが、文楽や歌舞伎の演目をより楽しく見られる場合が多い。そこで私は最近、『平家物語』関連の本を少しずつ読んでいるのだが、血縁関係が複雑なうえに、ウルトラ一族なみに兄弟の数が多く、しかも名前が似たりよったりなので、非常に頭が混乱する。

特に平家のみなさん！　名前の最後になんでもかんでも「盛」の字をつけるのは、やめてくださらんか！

まあ、それが当時のしきたりだったのだろうから、しかたがない。このごろでは名前を覚えるのを半ば諦《あきら》め、「碇《いかり》くん（平 知盛《たいらのとももり》）」「笛男《ふえお》ちゃん（平 敦盛《たいらのあつもり》）」などと愛称で呼んでいる。

ところが、高橋昌明《たかはしまさあき》の『平家の群像　物語から史実へ』（岩波新書）を読んでいたら、平知盛は実際は「碇くん」ではなかったことが判明した。つまり、「碇もろとも壇ノ浦へ身を投げる」という鮮烈で勇壮なイメージは、『義経千本桜』などの後世の劇が創《つく》りあげたもので、当時の史料には、「壇ノ浦で入水《じゅすい》した」ことが記されているのみなのだそうだ。

へえ、そうなのか。と意外の念に打たれた。物語がどんどん変容し、洗練されていって、しまいには史実そのものであるかのように、人々の脳内で像を結ぶ。そのさまを解き明かし、「では実像はどうだったのか」を知らしめてくれる本だった。

橋本治《はしもとおさむ》の『双調　平家物語』（中央公論新社、全十五巻／中公文庫、全十六巻）も、途中で読みやめることのできぬおもしろさ。『平家物語』の単なる「現代語訳」ではない傑作で、父系ではなく母系をたどることで見えてくる人間関係、政治の根本には愛憎や好悪といった感情が渦巻いていることなど、つい見落としがちな事実に気づかされる。

で、肝心の『平家物語』本体を通読できたのかというと、祇園精舎《ぎおんしょうじゃ》の鐘の声とともにすやすや寝入ってしまい、「総じて覚えにくい人名だからなあ」と言い訳する日々だ。

文庫追記：その後、ドストエフスキーの『罪と罰』は読んだ。そうです、読んでいなかったのです！（ドヤ）　ドヤるところをまちがえている。

新潮文庫版と光文社古典新訳文庫版を、私にしてはけっこう仔細に読みこんだ。岸本《きしもと》佐知子《さちこ》さん、吉田浩美《よしだひろみ》さん、吉田篤弘《よしだあつひろ》さんとの共著で、『『罪と罰』を読まない』（文藝春秋）という罰当たりな本を刊行するに際し、とうとう『罪と罰』を読むにいたったというわけだ。読まないのか読むのかややこしいな。

『『罪と罰』を読まない』は、アホみたいなタイトルですけど、共著者一同、むちゃくちゃ真剣に臨んだ渾身の作！　コンセプトを説明するのが面倒な一冊なので、気になったかたがおられましたら、お手に取ってみていただければ幸いです（小声でCMでした）。

まあそれはいいとして、ようやく読んだ『罪と罰』は……、傑作だった！（ドヤ）ドヤるところをまちがえている。傑作であることなど、すでに全人類が知っている。

いや、予想以上にエンタメとしておもしろい作品で、驚いた。もっと眉間に皺が寄ってるような小説なのかと思ってました。たしかに、主人公のラスコーリニコフは常に眉間に皺が寄ってる感じなのだが、それ以上にしょっちゅう気絶したり寝たりしてて、長時間睡眠派の私としては、そこはものすごく共感できた。文楽（人形浄瑠璃）を見てると、登場人物がわりとよく寝るのだが、日本で言えば江戸時代生まれであるラスコ（と、あだ名をつけた）と共通性があるなあ。やっぱり現代人は、睡眠時間が短すぎなんじゃないだろうか。

「『罪と罰』を読んだ感想がそれなのか！」と言われるとつらいのですけど、もっと真面目に読みこんだところもあります！　ほんとに！（必死）

　そして『カラマーゾフの兄弟』は、あいかわらず未読のままだ。無理だよ、あんな長い小説、獄につながれでもしなきゃ読めないよ……。『罪と罰』同様、読んだら絶対におもしろいんだろうなとは思うのですが。そういえば、「カラマーゾフは三兄弟だよ」という耳より情報がもたらされるも、よく聞いてみたらそのひともドラマ版を見たのみとのことで、だとするとドラマ用に兄弟が四人くらいはしょられているかもしれず、「カラマーゾフ＝ウルトラ兄弟」の夢はまだ捨てていない。

『平家物語』は角川ソフィア文庫で通読した！　しかし、読んでもやはり「盛」の字に惑わされる状態はつづいている。平家一門に「盛」の字の使用禁止を願う上奏文をしたためるほか、解決策はないと判明。心を落ち着けて墨をすっているところだ。

　ところでわたくし、最近ＥＸＩＬＥ一族にはまっているのですがね（唐突）。むちゃくちゃ身体能力の高い一族のみなさまに、『平家物語』を実写化してもらうのはどうかなと思いつきました！　八艘《はっそう》飛び（船から船へと飛び移る）も逆落《さかお》とし（馬に乗ったまま断崖絶壁を駆け下りる）も碇を背負って海にぶくぶく沈むのも、彼らの運動神経をもってすれば、CGなしでも行けるのではないかと！　しかも歌舞音曲の類《たぐい》はもちろん本職ですから、華麗な宮中生活のシーンもお茶の子さいさい！

どうだ！　見たい！（自問自答）

すみません、がんばって正気に返るよう努めます。

バーチャル散歩

小説の舞台となった場所に、「行ってみたい！」と思うことはしばしばある。私が最初に、「行ってみたい！」と切望に身を焦がしたのは、エーリヒ・ケストナーの『エーミールと探偵たち』（高橋健二《たかはしけんじ》・訳、岩波書店）に出てくる、ベルリンの「動物園前駅」だ。

都会の真ん中に、動物園。しかも、駅名にまでなっている……！　いま考えれば、上野の動物園だって東京の真ん中にあるし、大阪にも動物園前という駅名がある。しかし、周囲に畑と木造家屋しかない東京郊外でチビッコをやっていた私にとって、ベルリンの「動物園前駅」は、なんだかとてつもなく素晴らしいものに感じられた。

現在は大人になったのだから、現実のベルリンへ行き、「動物園前駅」でエーミール少年とその仲間たちの活躍に思いを馳《は》せることもできるのだが、想像のなかの「動物園前駅」があまりにキラキラした駅になってしまっているため、がっかりしたくない気持ちが先に立って、二の足を踏んでいる。

大人になっても行けない場所もある。浅草の「十二階（凌雲閣《りょううんかく》）」だ。江戸川乱歩《えどがわらんぽ》の

『押絵と旅する男』（光文社文庫ほか）に出てくる、浅草十二階！　ちょっと隠微でモダンなイメージのその建物に、どれほど行ってみたいと願ったことだろう。しかし現実の十二階は、関東大震災によって、地上から姿を消してしまった。乱歩の小説を読む多くのひとが、これからも、それぞれの想像のなかにある十二階を訪ねることだろう。

村上龍《むらかみりゅう》の『コインロッカー・ベイビーズ』（講談社文庫）も、夢中になって読んだ小説だ。夢中になるあまり、作中に出てくる「薬島」を実在する場所だと信じて疑わず、地図で調べたぐらいだ。載っていないのでおかしいと思い、図書館で大きな地図の索引まで調べたぐらいだ。それでも載っていないので、「や、やはり危険な場所だから、存在を伏せられている？」と、しばらくドキドキしていた。

そのころ私は中学生になっていたはずで、「いくらなんでも、もうちょっと現実と虚構の区別をつけろよな」と、赤面とともに当時の自分に忠告したい。でも、言い訳するわけじゃないが、本当におもしろく迫力のある小説は、読者の「現実」すらも塗り替える力を持っているものだ。

文字のつらなりを通し、自分だけの建物や街を脳裏に描く。読書は自由な営みだ。読者各人が想像した「動物園前駅」や「十二階」や「薬島」を、鮮明に映しだし、見せっこできる機械があれば楽しいのになと思う。

小説で笑う

「これを読んで笑った」という小説は、ひとに勧めにくい。勧めた相手が自分と同じように笑ってくれるかどうかは、かなり勝率の低い賭けだからだ。と、わかっていながら、「今年読んで笑った小説」について記してしまうのですが。

ひとつは、奥泉光《おくいずみひかる》の『神器《しんき》 軍艦「橿原《かしはら》」殺人事件』（上下巻、新潮社／新潮文庫）。時は太平洋戦争末期。軍艦「橿原」のなかで起こる不可思議な事件の謎を、海兵・石目《いしめ》君が追う、というストーリー。ものすごく真剣な戦争論、日本論にもなっていて、息もつかせぬ展開とあわせ、とても刺激的でおもしろい小説だ。

石目君をはじめ、登場人物が変わりものぞろいで、シリアスな内容にもかかわらず、ユーモアが全編に充満している。たとえば石目君が、軍艦の艦長に必要な資質は「運」だと考察する部分。

「橿原」の前艦長は、市場で蝦《えび》を値切る人物だった。それについて石目君は、「どうだろう」と思う。「蝦をあんなに値切って買うとは、きっとすごい運の持ち主なんだろうな、とはなりにくいだろう。」
た、たしかに。私は悶絶《もんぜつ》した。タコやイカやカニではなく、エビというところがまた、なんとも絶妙に運が悪そうだ。チマチマと殻を剝《む》くのか。背わたも几帳面《きちょうめん》に取るのか。ちっちゃい！　私もエビが大好物なのだが、値切るのはよしにしておこう、と心に決めたのであった。

そういえば、大西巨人《おおにしきょじん》の『神聖喜劇』（光文社文庫、全五巻）を読んでも、随所で爆笑してしまう。軍隊という組織の理不尽を、小説として徹底的に追及すると、人間の滑稽《こっけい》さや本質的な馬鹿馬鹿しい部分が、炙《あぶ》りだされるものなのかもしれない。

もうひとつは、吉田篤弘の『圏外へ』（小学館／小学館文庫）。小説を執筆中の「カタリテ」が、いつのまにやら物語のなかへ飲みこまれていき……、というストーリー。こちらの登場人物も変人ぞろいで、「止まらないねぇ。いくらでも出ますな、これは」などと言いながら立ち小便をした男が、「君はもし、ワタシがいまこの川へドーンと飛び込んだら吃驚《びっくり》するかね」と、主人公に問いかけてきたりする。対する主人公、「そうですね。吃驚しますね」。

なんなんだ、この会話。意味不明だが、飄々《ひょうひょう》としたおかしみがやみつきになる。

いずれも、小説表現の限界に挑み、「小説ってこんなに自由で可能性に満ちたものなのか」と知らしめてくれる作品だ。たとえ笑いのツボがちがったとしても、小説好きのみなさまにきっとご満足いただけるはずである。

文庫追記：最近読んで笑ってしまったのは、尾崎翠《おさきみどり》の『第七官界彷徨』（ちくま日本文学4『尾崎翠』ほかに収録）だ。二十年以上ぶりぐらいに読み返したのだが、記憶にあるよりもさらに瑞々しく、斬新で、いい意味でヘンテコな小説だなあと感じた。なによりも、随所で飄々としたユーモアが炸裂しており、自分でもびっくりするほど何度も声を上げて笑った。主人公が洗った二十日大根に対する同居人たちの反応とか、もうたまらんものがある。

十代のころに読んだときは、ここまで笑わなかった気がするのだが……。年を取ると笑いのハードルが低くなるということなのか？　と一瞬思うも、この作品に関しては、たぶんそういうことではないなと、すぐに思い直した。若かったときは、本作に漂う「おかしみ」を十全に汲み取れなかったのだろう。鋭く瞬発的な笑いというより、じわじわくる「おかしみ」だからだ。あと、お年ごろだと、「なにごとに対しても、そう簡単に感情を揺さぶられたりしないぞ」と、ちょっと斜に構えるところがありますからね。ほんとは笑いたかったのに我慢してたという可能性も考えられる。残念ながら、年月を経るとともに当時の「気分」を忘れてしまったので、すべてが曖昧な推論なのだが。

とにかく、傑作はひさびさに再読しても傑作どころか、ますます輝きを増すものなんだなということと、自意識が適度にすり減ると自由になれるから加齢も悪くないものだなということが実感され、味わい深い読書の時間であった。

職業めぐり

小説を書くとき、登場人物の職業をなんにするか、いろいろと頭を悩ませる。やっと職業を決めたら、今度は資料となるような本を読まねばならない。

ところが、職業を題材にした本って、たいがいすごくおもしろいのだ。資料だということを忘れ、読みふけってしまう。結果として、小説の原稿がなかなか進まず、締め切りに遅れる。

小関智弘《こせきともひろ》の『春は鉄までが匂《にお》った』（ちくま文庫）は、町工場で働く旋盤工《せんばんこう》の暮らしと仕事を描いたドキュメント。ふだんは人目につきにくい職業だが、ものづくりを支える彼らのたしかな技術と誇りによって、私たちは便利で快適な生活を送れているのだとわかる。瑞々《みずみず》しい描写を通し、町やひとのぬくもりと匂いまでもが伝わってくる好著だ。

『漢字は日本語である』（新潮新書）の著者、小駒勝美《こまかつみ》は、『新潮日本語漢字辞典』（新潮社）を作ったひとだ。出版社の校閲部で働いているというだけあって、漢字への愛情と知識が尋常じゃないレベルに達している。

『漢字は日本語である』は、辞書づくりの経験を踏まえ、漢字についてわかりやすく解説してくれる本だ。小学一年の夏休みの自由研究で、著者が独自に漢和辞典（ノート二冊分）を作成したと知り、あまりのすごさに笑うしかなかった。これだけ愛されれば、漢字もさぞかし本望だろう。

ナンシー・リカ・シフの『世にも奇妙な職業案内』（伴田《はんだ》良輔《りょうすけ》・訳、ブルース・インターアクションズ）は、その名のとおり、変わった職業に就《つ》く人々を紹介する写真集。「におい鑑定人」「男子トイレサービス係」「赤ちゃん調教師」などなど、世の中にはいろんな仕事があるんだなあと、驚きと感動をもって写真を眺める。どのひとの表情も、仕事への自負と天職にめぐりあった喜びに、静かに輝いている。

どれだけ長生きしても、一生のあいだに就ける職業の数には限りがある。仕事として深く追求しようとしたら、なおさらだ。でも、いろんな職業のひとが、それぞれの悩みややりがいや喜びを抱いて、今日も黙々と働いていることを知ると、なんだか勇気づけられる。これだけ多様な職業があるのなら、どこかにひとつぐらい、私に向いた仕事があるかもしれない、と希望も芽生える。

読書を通して、さまざまな職業に思いを馳せつつ、とりあえず私は締め切りに遅れぬよう心がけよう。しかし、おもしろい職業本があるかぎり、遅れてしまいそうなんだよなあ……。

選びきれない三冊

丸山健二《まるやまけんじ》氏の小説は、常に力強さと美と刺激を備え、進化し蠢《うごめ》きつづけている。だから、どの時期のどの作品をおすすめするのがいいか、迷うところだ。『夏の流れ』（講談社文芸文庫）は、「え、二十代前半でこんな作品を書けてしまうの⁉」と、読むたび打ちのめされる。『ときめきに死す』（文春文庫／求龍堂）もしびれるし（これは、故・森田芳光《もりたよしみつ》監督の映画版もおすすめなので、小説と併せてぜひ！）、『見よ　月が後を追う』（文藝春秋）も『落雷の旅路』（文藝春秋）も……。だめ、挙げきれない！

しかし個人的には、『水の家族』（求龍堂）を一推《いちお》しする。小説しか持ち得ない「力」を、私はこの作品を読んではじめて体感し、震えた。研ぎ澄まされた文章、終幕近くで到達する奇跡のような高揚の瞬間を、どうかじっくりと味わっていただきたい。

いまにして思えば、『水の家族』の次に発表された長編『千日の瑠璃《るり》』（文春文庫、上下巻）以降、丸山氏はさらに新しい小説世界へと飛翔《ひしょう》した感がある。『水の家族』は、それ以前の丸山氏作品の集大成にして傑作だし、現在も小説表現と格闘し、深みと高みを目指しつづける丸山氏の、重要な跳躍台となっただろう一作でもある。

丸山氏はまた、エッセイも滅法おもしろい。むろん、丸山氏自身はこのうえなく真剣に書いているのだが、常人からすると、その真剣さがときとして過剰かつ過激の域にまで達しており、読んでいて驚きあきれ感心し笑ってしまうこともしばしばなのだ。

たとえば『安曇野の白い庭』（新潮文庫）は、丸山氏がいかにして、自宅にすばらしい庭を現出せしめたかの記録。ヒマラヤ杉を切り倒し、毛虫を殺しまくりと、「自然派」や「ガーデニング」といった甘っちょろい言葉からはほど遠い、鬼気迫る作庭ぶり。使用する電動刈り込み鋏《ばさみ》がどんどん重量級のものになり、ついにはベトナム戦争におけるアメリカ軍の装備を分析しはじめるくだりなど、何度読んでもすごすぎて笑える。

こうなると、丸山氏の庭を見たくなるのが人情というものだが、うっかり不法侵入などしようものなら、槍《やり》で撃退される可能性大だ（エッセイ『田舎暮らしに殺されない法』〔朝日文庫〕参照）。『荒野の庭』（求龍堂）ほか、複数の写真集が出ているので、そちらをご覧いただきたい。心に斬りこんでくるような、うつくしく峻厳《しゅんげん》な花咲く庭の写真が満載だ。すべて、丸山氏本人の撮影。プロ級の写真の腕前なのだ。超人と言うほかない。

読書日記　本に取り憑かれる

○月×日

ひさしぶりに会う友人の子どもが驚くほど成長しておるのを見て、なぜだか「いまだ！」と天啓（？）を受け、読まずに取ってあった角田光代《かくたみつよ》の『八日目の蟬《せみ》』（中央公論新社／中公文庫）を読む。

枕が涙でびしょぬれになる。悲しいのでも、安っぽい「感動」を覚えたのでもない。「ああ、そうなんだよなあ」と思ったら涙が出た。心のなかにたしかにあるのに、いままで言葉にならなかった気持ち、あることにすら気づけていなかった気持ちが、小説でしかできない形で表現されていた。その気持ちがどんなものなのか、一言で説明するのは不可能だ。ただただ、「ああ、そうなんだよなあ」と思って、読後しばらくぼんやりする。

○月×日

永畑道子《ながはたみちこ》の『恋の華　白蓮《びゃくれん》事件』（藤原書店／文春文庫）を読む。歌人・柳原《やなぎわら》白蓮の評伝だが、白蓮に絶縁状を叩《たた》きつけられた夫・炭鉱王の伊藤伝右衛門《いとうでんえもん》が魅力ある人物に感じられてくる。いまも昔も、「経済的にいかに自立するか」と「実家と婚家の文化のちがい」が、多くの既婚女性の悩みの根っこにあるのだなと推察した。経済闘争と異文化交流の最前線に立たされたら、そりゃだれだって悩みも深くなるというものだ。

悩む白蓮に翻弄され、新聞に絶縁状を公開される羽目になった伝右衛門は気の毒である。しかし一番悩める部分は、女性の悩みの根っこがどこにあるのか、いまも昔も、多くの男性があんまり気づけていないらしく見受けられることだ。

○月×日

よしながふみの『きのう何食べた？』（講談社・モーニングコミックス）の二巻が出た。安い食材でおいしいご飯をいかにして作るかという料理漫画。レシピとしても最適の作品だ。

主人公は本当にマメに料理をしていて、その情熱はあまり自炊をしない私からすると、ほとんど狂的に見える。買い置きのセロリを腐らせてしまい、青ざめる主人公を見て、「いやいや、そこまで落ちこまなくても……」と励ましたくなった。

ふと、これは料理漫画ではなく、人間の業《ごう》についての物語なのかもしれないと思う。「食」は生命維持のための基本だが、ひとはただ栄養を摂取するだけでは飽きたらず、「どういうものをだれと食べるか」も非常に重視する。だから「料理」という行為があるのであり、その「料理」に取り憑かれた主人公の男は、単なる生命維持のための「食」では満足できない、人間の業を体現していると言えるのではないか。それぐらい、主人公の男の料理への執着は鬼気迫っている。できあがったご飯も、鬼気迫るほどうまそうだ。読んでいて腹が鳴りまくる。

※『きのう何食べた?』は二〇一八年十二月現在、十四巻まで刊行中。

○月×日

業といえば、と思い立って、『クラシックCDの名盤』(宇野《うの》功芳《こうほう》・中野《なかの》雄《たけし》・福島《ふくしま》章恭《あきやす》、文春新書)を読み返す。三人の著者の音楽への熱狂的愛情は、業と呼んでも差し支えあるまい。

題名どおり、「クラシックCDの名盤」のあれこれを、三者三様の視点で熱烈推薦してくれる楽しい本。音楽への愛が高じすぎて、文章がどんどん濃厚になっていくさまも見逃せない。「教祖のご託宣《たくせん》を承っているような、強烈な説得力」とか、「ティーカップの底に数センチもの愛という砂糖の沈殿するマーラーを堂々と飲み干せ」とか、もはやCDの紹介文とは思えぬ高まり具合で、なんだかわからないがとにかくすごいらしい、ということだけはよくわかる。

何度読んでも随所で爆笑し、同時に、三人の著者の愛の深さに胸打たれて目頭が熱くなる。業のない生なんてクソのごとくつまらないものである、と再確認した。
私はたぶん、なにかひとつのことに取り憑かれた人間の話が好きなのだ。

文庫追記:『クラシックCDの名盤』および続編の『クラシックCDの名盤 演奏家篇』は、それぞれ新版が出ている。さらに、『クラシックCDの名盤 大作曲家篇』も刊行!(いずれも文春新書) 情報をアップデートしてちゃんと新版を出すあたり(辞書か!?)、そして最新作『大作曲家篇』でも三者で楽しく、「俺はこの作曲家のここがすごいと思う!」「いや俺はそうは思わん!」的にわいわい語りあっているあたり、共著者たちの音楽愛の深さと、どうかしてる度(いい意味で)が感じられ、ますます目頭が熱い。むずかしそうな印象のあるクラシック音楽だが、決してそうではなく、多様な観点と感性で自由に楽しんでいいんだなと実感させてくれる、おすすめのシリーズだ。

断絶を乗り越え理解する

三浦しをん著『きみはポラリス』の登場人物の心の広さに励まされます。最近私はちょっとしたことでも怒りを抑えられません。真の赦《ゆる》しとは何でしょうか。（奈良県　T・Kさん［42］からのご質問）

私も些細《ささい》なことでプンプンしており、赦しには程遠い状態です。そんなとき、J・ティプトリー・ジュニアの『たったひとつの冴えたやりかた』（浅倉久志《あさくらひさし》・訳、ハヤカワ文庫）を読み返します。

主人公は十六歳の女の子、コーティー・キャス。宇宙船に乗り、一人で冒険に出たコーティーは、エイリアンのシロベーンに脳に寄生されてしまいます。友情を育むコーティーとシロベーンですが、思いがけない事態になって……。

「もしあんたがこれからあたしになにかひどいことをしても、あたしはそれがほんとのあんたじゃないって知ってる」

断絶を乗り越え、真に互いを理解し赦しあうとはどういうことなのか。静かに訴えかけてくる、うつくしい物語です。

石井光太《いしいこうた》の『絶対貧困』(光文社/新潮文庫)は、途上国の貧困層についてのルポです。売春や犯罪が身近な生活のなかで、人々がいかに恋愛し、出産し、日々の糧《かて》を得、死んでいくかが報告されます。「悲惨でかわいそうな人々」といった視点ではないので、「私の怒りなんてちっちゃいな」という気持ちにはまったくなりません。むしろ、「悲惨でかわいそう」などとステレオタイプの認識に甘んじ、彼らの生活にも笑いやたくましさが当然あることを知ろうともしなかった自分に腹が立ってきます。

無知と無関心と怠慢こそが、理解の芽を摘み、絶望と断絶を生む温床となるのだと、肝に銘じようと思いました。

怒りの大半は、「理解できない」「理解されない」がゆえに生じる気がします。「相手を知りたい」「自分を知ってほしい」という願いを諦めてしまったら、怒りすら湧かなくなるでしょう。そう考えると、もっとどんどん怒ったっていいのかもしれませんね。

漫画への愛と信頼

萩尾望都《はぎおもと》原画展

二〇〇九年十二月に池袋の西武百貨店で開催された、『デビュー四十周年記念　萩尾望都原画展』を見にいった。

なんとうつくしく艶《つや》やかな線！　なんと鮮やかで繊細な彩色！　印刷されたものとはまたちがった、生《なま》の迫力に圧倒された。

印象深かったのは、来場者がみな、萩尾望都作品への愛と情熱の炎を静かにたぎらせていたことだ（近づくと、互いの発散する熱でちょっと暑いぐらいだ）。年齢層も幅広く、一人で来ている若い男性、中年の夫婦、学生らしき女の子数名など、さまざまだった。

「もし、萩尾先生を全然知らないひとが」

と、友人と私は語りあった。「この原画と来場者を見たら、何歳ぐらいの漫画家の原画展だと思うだろう。まったく推測がつかないんじゃないかな」

最新作「ここではない・どこか」シリーズの原画も展示されていたが、線はますます研ぎ澄まされ、しかし瑞々しさはまるで失われていない。ある程度の年月、漫画（あるいは小説）を描（書）いていると、どうしても絵（あるいは文章）が「枯れて」くる傾向にある、と個人的には思っていたので、萩尾先生の描く登場人物の瑞々しい質感は、改めて驚異だった。

この、いい意味での「作者の年齢不詳感（ファン層の幅広さも含めて）」は、萩尾先生がデビュー以来第一線で、常に作品（しかも傑作ばかり）を発表してきたことによるだろう。バリバリの現役のまま、四十年間、新たな読者を獲得しつづけるのは、だれしもにできることではない。

では、萩尾先生の尽きることない創作の泉は、どこから湧きでているのか。もちろん、「才能から」なのだが、それを言っては話が終わってしまうし、萩尾先生にもあるにちがいない努力や苦悩を一方的に覆い隠してしまうようで、なんだかいやだ。

萩尾先生の創作の源泉は、「漫画への深い愛と信頼」にあるのではないか、と私は感じている。萩尾先生にお会いすると、「最近読んだおもしろい漫画」の話に必ずなる。萩尾先生は、新人の漫画家さんの作品も、むちゃくちゃ読んでいる。ジャンルも少女漫画にかぎらず、多岐にわたるようだ。私が書店の袋を提《さ》げていようものなら、「今日はなにをお買いになったんですか」とすかさず尋ねられる（先生はだれに対しても、穏やかで丁寧な言葉づかいをされる）。「これです」と袋から出してお渡しすると、その場でパラパラと内容と絵をご覧になってから、「すぐに買わなきゃ」と、何度も作者名をつぶやいて記憶する（その様子はとてもチャーミングだ）。

ものすごく漫画を愛していらっしゃるんだなあと、そのたびに思う。漫画家さんのなかには、ほかのひとが描いた漫画をあまり読まないかたも多いだろう。プライベートな時間は、仕事（漫画）に関係するものからなるべく離れたい、という気持ちもとてもよくわかる。しかし萩尾先生はどうやら、「仕事の時間には漫画を描き、プライベートな時間には漫画を読む派」のようなのだ。漫画という表現へのたぎる愛、漫画表現が宿す可能性に対する信頼が、萩尾先生を創作へと駆り立てているにちがいないと、勝手に推測している。

これまで生きてきたほとんどの時間、萩尾望都作品は私のかたわらにあったし、これからもそうだろう。新作が出るたびにわくわくしながらページを開き、旧作も折節《おりふし》手に取っては読み返す。そのなかで、一番読み返しているのは、たぶん『マージナル』（小学館文庫、全三巻）だ。

はじめて読んだときは、「モノドール」という都市に隠された秘密を夢中で追いかけた。もう少し大人になってからは、作品内で描かれる切ない愛情に涙した。そのうち、「閉鎖空間からの脱出を望みながら、しかしどうやっても脱出しきれない生き物のさだめ」を、街／脳／子宮という三つの「閉所」を舞台に描いた作品かもしれない、などと考えたりするようになった。

『マージナル』は、多様な読みをうながす自由度の高さと、構成の緻密さとが、両立している作品だ。読み返すたびに、新たな顔を見せる。今回発見したのは、「作品内で経過した時間は、実は一カ月ぐらいらしい」ということだ。冒頭でマザが暗殺されてから、エピローグの途中までで、ほぼ一カ月。いまさらな発見だが、あまりにも濃密な物語なので、少なくとも一年ぐらいのあいだの出来事が描かれているにちがいない、と思いこんでいた。いかに凝縮され、掘り下げられた内容であるかを、改めて思い知らされた。

漫画は愛と信頼を捧《ささ》げるに足る表現であると、私は萩尾望都作品を読むことを通して実感してきた気がする。原画展の会場に充満していた大勢のひとの熱気は、萩尾望都作品への愛と情熱であると同時に、萩尾望都作品によって教えられた、漫画表現そのものに対する愛と信頼の表れでもあったのだと思う。

文庫追記：萩尾望都先生の『ポーの一族』（小学館・フラワーコミックス／小学館文庫）は、二〇一八年に宝塚の舞台になった。

もちろん見た！　見ずにはいられんだろ、そりゃ！　感想はもう、「素晴らしかった……」の一言に尽きる。花組トップスター、明日海《あすみ》りおさまのエドガーがエドガーそのもので、完璧な実写化でした。舞台なのに実写化……？　なんか概念がおかしなことになっているが、ニュアンスを汲み取ってほしい！　とにかく我々が待ち望んでいた実写化が、これ以上ない形で結実していたんですよ！　あわわ、生身のエドガーを目にする日が来るとは……！　と、「うっとりの極地に至って腰が抜けつつ、神々（萩尾先生と宝塚歌劇団のみなさま）に感謝を捧げる民衆の図」になるのもせむかたなしなんですよ！

なに言ってんだこいつ、と思うかもしれませんが、それぐらいの大事件でした。いま反芻してもうっとりの大波が心に押し寄せるぜ（感涙）。

さらに萩尾先生は、『ポーの一族』の四十年ぶり（！）の新作となる『春の夢』を刊行し、現在も「月刊ｆｌｏｗｅｒｓ」にて『ポーの一族』シリーズ『ユニコーン』を連載中（いずれも小学館）。おおう、おおう……（↑また神に感謝を捧げている）。申すまでもなく傑作なので、もし『ポーの一族』を未読なかたがいらしたら、この機会にぜひ通してお読みになってみてください。

ちなみに、この文庫では基本的に著者名は敬称略にしているのだが、なんで「萩尾望都先生」「明日海りおさま」なのかというと……、ニュアンスを汲み取ってほしい！　気づいたら敬称をつけてしまっていたのだ！　神々を呼び捨てにはできんのが人情というもんじゃろう。

二章

愉しみも
哀しみも
本のなかに

時に抗《あらが》った作家の生

——『星新一《ほししんいち》　一〇〇一話をつくった人』最相葉月《さいしょうはづき》・著（新潮社／新潮文庫、上下巻）

なにをもって己れが生きた証《あかし》とするか。

銅像を建てる。子孫を残す。世界遺産や国宝に指定されるような建築物・芸術品を作る。手段はいろいろある。

しかし、五百年も経てばと想像すると、すべてはむなしい。時の流れのなかで、「個」は埋没していく。それは抗いようのないことだ。

抗ったひとがいる。作家、星新一だ。膨大な数のショートショートを書き、国語の教科書に作品が採用され、広く人々に愛読されながら、彼はまだ満足しなかった。長く読み継がれることを願って、晩年の星新一は自作を手直ししつづけた。時代の変化から取り残されそうな単語や表現を、執拗《しつよう》なまでに作中から排除した。

著者の最相葉月は、百三十名以上の関係者を丹念に取材し、「鬼気迫る」と言ってもいい、作家の壮絶な姿を浮き彫りにする。星製薬の御曹司《おんぞうし》だった新一の、実業家としての苦難と挫折。ＳＦという新しい表現を知り、仲間とともに情熱と高揚感に満ちていたころ。

さびしい魂を抱えて創作に打ちこんだ、一人の人間の内面に光が当てられていく。誠実で淡々とした著者の筆致から、だが抑えきれない叫びが聞こえる。なにをもって、ひとは「生きた」と言えるのか?

私は書店でアルバイトしていたとき、星新一の文庫を購入する多くの中学生たちを見た。彼らの目の輝きを見た。五百年後はいまこのときと断絶して存在するのではない。星新一の作品に胸躍らせる人々の生が積み重なって、いつのまにか五百年が経つのだ。

私たちはつながっていく。銅像やＤＮＡや鎮座まします「宝」としてではなく、もっと深く心の底を流れ受け渡される喜びがある。生のむなしさを超える力。それが創作物の力であり、創作物を楽しむ人間の力だ。星新一はたしかに、激しく深く、己れの生を生ききったのだ。その生が、彼の死後も私たちを照らす。

『タブーと結婚　「源氏物語と阿闍世《あじゃせ》王コンプレックス論」のほうへ』

藤井《ふじい》貞和《さだかず》・著（笠間書院）

あー、結婚ってなに？　結婚しない（ていうか、できない）うちから、あれこれシミュレーションしてみては苦悩のため息をつく今日このごろだ。

そんな迷える季節に、この一冊。専門的かつ本格的な古典文学の研究書だが、「昔のひとは結婚や愛をどう考えていたのか」を真剣に追及する内容だから、門外漢でもついつい、「そこんとこどうだったの？」と気になって、読み進めることができる。

だれかを大切に思う気持ちは、千年以上まえからいまと変わらず存在した。しかし気持ちの表現方法のひとつである「結婚」の形態は、ゆるやかに変化する。私は通い婚の復活を切に願う！　たまに訪れてくれ。

「『愛してる』と（中略）言うべき時に断固としてそれを口にすることができた」古代のひとの姿を、万葉集から読み解くところなど、スリリングで楽しい。千年まえに生きた人々の心を、現代を生きるものの胸に的確に伝えてくれる本だ。

風流、痛快、句の世界
──『俳風三麗花《はいふうさんれいか》』三田完《みたかん》・著（文藝春秋／文春文庫）

俳句をまったく知らないので、逆に「句会小説」と帯にある本書が気になった。私がイメージする句会では、俳句の師匠のもとに集った弟子が、さらさらと短冊に筆を走らせているのだが……。作った句を壁に飾っておしまい、ということはあるまい。師匠ははたして、弟子の句をどういう方法で評価するんだ？

そんな初心者まるだしの疑問に、この小説は答えてくれる。つまり、句会のルールや雰囲気が活写されているのだ。そのうえ、登場人物がみんな魅力的（暮愁《ぼしゅう》先生、かっこいいー！）。端整な文章に挿入される俳句が効果的で、たった十七字にありったけの想いを託す、ひとの心の鋭さと深さがどんどん胸に迫ってくる。

舞台は昭和初期の東京だ。暮愁先生が定期的に開く句会には、三人の若い女性が参加している。境遇も性格もばらばらな彼女たちは、俳句を通して篤《あつ》い友情を結ぶ。屋形船で開催される句会の様子や、句会で言い寄るエロオヤジをとっちめるシーンなど、風流かつ痛快で、「私も歳時記を買って暮愁庵の句会に参加する！」と、俄然《がぜん》俳句を作ってみたくなった。

　穏やかに季節を味わい、ほのかな恋の香りにたまに動揺する暮愁先生と句会のメンバー。同時に、迫りくる戦争の影もさりげなく描写される。いったいどんな運命が、俳句を愛する気のいい面々を待ち受けているのだろうか。読み終えてからも余韻に身をひたし、彼らの今後を空想しつづけずにはいられぬ小説だ。十七字だけで世界を表現する俳句が、その句を目にしたものの脳裏に、いつまでもいつまでも自在なイメージを喚起するように。

　心があるかぎり言葉は生まれ、言葉があるかぎりひとは心を表現する。傷つけるためではなく、わかりあうために。それを実践する登場人物たちと出会って、読書の喜びを再確認できた。俳句を作るひとにも作らぬひとにもおすすめの、静かで熱い小説だ。

巨木に向き合う生の記録
――『屋久島の山守　千年の仕事』高田《たかだ》久夫《ひさお》・著／塩野《しおの》米松《よねまつ》・聞き書き（草思社）

一度だけ屋久島に行ったことがある。ヤクスギランドの巨木に圧倒されたこと、天気が変わりやすくて驚いたこと、芋焼酎がすごくおいしかったことが、楽しい旅の記憶として鮮明だ。

そのとき私は、屋久島の山中にある縄文杉を見なかった（そこまでたどりつくだけの体力がないので断念した）。「ああ～、屋久島の山のなかの様子を知りたい。巨木に触れてみたい」と、いまもって未練が残る。そこで、屋久島の山仕事について書かれた本書を読んでみた。これがとってもおもしろい。

昭和五十七年まで、天然の屋久杉を伐採《ばっさい》することは禁じられていなかった。江戸時代から、かなり奥深い山までひとが入って、木を伐《き》っていたらしいのだ。つまり屋久島は、良質な木材の産出地だったのである。大きな木がぼんぼん生えてるんだから、それも当然だろう。

語り手の高田久夫氏は、屋久島で生まれ育った。屋久島の林業の最盛期を知る高田氏の話は、刺激に満ち満ちている。山仕事の様子、仲間内での人間関係、森の風景、具体的にどうやって巨木を伐ったたか。黙々と体を動かしつづけた仕事人の、血の通った語りによって、屋久島の山の歴史と、そこに生きる人々の姿が立ち現れる。聞き書きをする塩野米松氏の筆致も、生き生きとして誠実だ。

闇雲に「自然保護」を訴え、山の動植物を崇《あが》めるように隔離(その実、放置)して一安心するのではなく、森を最善の状態で維持し、山が千年ののちにも緑深いものであるように、いまなにをすればいいか。「神ちゅうもんを信じてません」と言う愛すべき合理精神と実行力を持つ髙田氏が、「僕が死んで、もし山に宿るなら」と、できることなら死後も屋久島の森を見守りつづけたいものだと思いを馳せるくだりは、真情が胸を打つ。山で生き、いつか山に還《かえ》っていくのであろう、実直な人間の声が記録されている。

『世界たばこ紀行』川床邦夫《かわとこくにお》・著（山愛書院）

最近喫煙者は肩身が狭い。煙草についてよく知ろうと思い、本書を読んでみた。読んでびっくり。こんなにきれいな花を咲かせる種類があるのか！　現在の日本でよく見かける「紙巻きたばこ」だけでなく、嗜《たしな》みかたにこんなに多様性があったのか！

前々から謎だった「水パイプ」の仕組みもわかったし、フランスの貴族が使っていた「嗅《か》ぎたばこ」用の豪華な入れ物にもうっとりだ。

それぞれの地域に根ざして発展した多種多様な煙草文化が、健康ブームによってまったく根絶してしまうとしたら、それはやはりさびしいことだと思う。

相手の体内深くから吐きだされた白い煙が、己れの吐きだす煙と混じりあって、天に上っていく。煙草の煙は友好と融和の象徴であり、ひとの魂の象徴だ。

カラー写真もいろいろ載っているので、消えゆく煙草文化を偲《しの》びつつ（悲観的）、世界の煙草の歴史といまを楽しめる一冊だ。

『エリートセックス』加藤鷹《かとうたか》・著（幻冬舎新書）

「性豪自慢」はたいてい、聞くものに居たたまれなさと滑稽さとを感じさせるものだ。性の豪傑だと自負する根拠がどこにあるのか、相手ははたして本当に満足しているのか、なにも証拠がないからだろう。

だが、本書にかぎってはちがう。著者の経験に基づく、性交についての実践的なアドバイスと、「セックスとはなにか」を考えつくしたと言っていい精神論が書かれているのだが、そこに「自慢」や「ひとりよがりな滑稽さ」はまったくなく、求道的なまでの姿勢にひたすら感嘆した。

著者は「六千人の女性とセックスした」そうで、それだけでもう、「巨大ハーレムを持っていた王様でも、たぶんそこまでは……」とひれ伏すほかないし、なによりも、セックスを通して人間関係の機微をひたすら追求しようとするところが素晴らしい。身近にいる大切なひとと、心と体をより深く楽しく通じあわせるために、ぜひ参考にしたい本である。

情熱のオカルト冒険旅行
──『X51.ORG《オルグ》 THE ODYSSEY』佐藤健寿《さとうけんじ》・著（夏目書房／講談社／河出文庫、全二巻）

「宇宙人やツチノコが本当にいればいいなあ。そのほうがロマンがあるもの」と、夜空や茂みを眺めてぼんやり思いめぐらせているクチなのだが、この本の著者はちがう。思いめぐらせるだけでは飽きたりず、ＵＦＯ基地や雪男の秘密を追って、実際に世界中を旅してまわる。

つまり著者は、「オカルト」と称される事象を現地に飛んで研究しているわけなのだが、カラー写真も豊富で、冒険旅行記として読んでも楽しい。アメリカの砂漠で車を大破させたり、キッチュなＵＦＯ博物館を見学したりと、爆笑の報告が次々になされる。

オカルトに対する著者のスタンスはしなやかで、頭から否定も肯定もせず、しかし非常に真剣に謎に迫ろうとする。そのバランスが絶妙だ。真骨頂《しんこっちょう》が現れるのは「イエティ（雪男）」を追う章で、著者は果敢にもヒマラヤに登ってしまうのだった。実在が不確かな雪男のために、ヒマラヤにまで登る！　あふれる情熱に、ただただ脱帽だ。

文献やシェルパ族の人々への聞き取り調査をもとに、雪男の正体を考察するあたりは、すでに文化人類学や民俗学の領域に足を踏み入れている。真剣かつ誠実なバランスの取れた態度で追求すると、「オカルト」という眉《まゆ》に唾《つば》するひとも多かろう事象から、人間の心の不思議と、日々の営みの諸相《しょそう》が浮かびあがってくるのだということが、とてもよくわかる。

もし、宇宙人もツチノコもいないと決めてしまったら、この世界はずいぶん味気なく余裕のないものに変わってしまうだろう。それらの不思議を生みだす（あるいは信じる、あるいは追い求める）、ひとの心の豊饒《ほうじょう》と謎を、冷静な情熱で探求した好著である。私は読みながら、胸躍ってならなかった。地球を旅する著者の眼差しは、新しい世界と出会う喜びと驚きに満ちて、ＵＦＯが発する（とされる）光と同じぐらい輝いている。

切ないおかめ顔王朝の心
――『小袖《こそで》日記』柴田《しばた》よしき・著（文藝春秋／文春文庫）

『源氏物語』は、「華麗なる王朝絵巻！」という感じに説明されることが多い。しかし『源氏物語絵巻』を見ると、「うーん？」と首をかしげてしまう。そこに描かれている平安時代の美男美女が、どう見ても美男美女じゃないからだ。なんだこの、線だけで構成された素朴な顔面の人々は。ずんぐりむっくりした体型は。妙にすかすかした薄っぺらい御殿は。

本書は、不倫に破れた「あたし」が、『源氏物語』を執筆中の紫式部《むらさきしきぶ》のもとへタイムスリップする話だ。「あたし」は平安時代の女性たちを見て悲鳴を上げる。「おかめの大群！」。しかもみんな、そこはかとなく臭《くさ》い。「美人」もおらず「華麗」でもない『源氏物語』のはじまりだ。「あたし」は紫式部の片腕として、平安京で『源氏物語』の元ネタとなる話題を集めてまわることになる。

単なるタイムスリップ物でも、よくある「『源氏物語』を題材にした小説」でもなく、微妙にして絶妙な「ずれ」を生じさせてあるのが、とてもうまい。その「ずれ」から、登場人物たちの生き生きとした心情が、そして、『源氏物語』が描こうとしたものの本質が、鮮やかに立ち現れてくる仕掛けになっている。

登場人物の行く末を、あれこれ想像せずにはいられないほど楽しい。平安時代に生きる「おかめ顔」の女性たちの感情が、ときに切なく、ときに愉快に描かれていて、「幸せになって！」と渾身《こんしん》の力で応援してしまう。

「あたし」の痛快な活躍ぶり（夏バテの中宮さまに、アイスクリームを作ってあげたりする）に喝采《かっさい》を送りつつ読み終え、私は思った。「美人」の基準は変わっても、男と女、ひととひととのあいだの溝は、千年まえから変わらない。その溝を少しでも埋めたいという願いが、この小説を貫いている。

柴田よしきは常に、溝に苦しむものの小さな叫びを掬《すく》いあげ、綴《つづ》る言葉を武器に闘う作家だ。紫式部がそうであったように。

『賢治短歌へ』佐藤通雅《さとうみちまさ》・著（洋々社）

宮沢賢治の短歌は妙だ。イメージの喚起力、なにやら得体の知れぬ異界と交感している気配が、強く印象に残る。たとえば、「あはれ見よ月光うつる山の雪は若き貴人の死蠟《しろう》に似ずや」。ただならぬ不吉さ！

なんなんだ、宮沢賢治（の短歌）。ずっと疑問に感じていた私にとって、これはまさに痒《かゆ》いところに手が届く本だった。宮沢賢治の短歌を、詠んだ年代ごとに丹念に追い、そのとき賢治がどういう状況に置かれていたのか、彼の童話や詩作と短歌はどんな関係にあるのか、丁寧に探求し論考している。賢治の短歌を、ここまで独立したものと捉《とら》え、その豊饒を証明してみせた本ははじめてだろう。どちらかといえば変なもの扱いされてきた、賢治の短歌に光が当たった。今後は童話や詩の読みにも、また新たな展開が生まれるはずだ。熱心な研究の登場に、宮沢賢治もきっと、「俺の短歌って、けっこういいだろ」とあの世で喜んでいると思う。

戦争と人間の残す余韻

──『戦後占領期 短篇小説コレクション4 一九四九年』

紅野謙介《こうのけんすけ》、川崎賢子《かわさきけんこ》、寺田博《てらだひろし》・編（藤原書店）

占領期（一九四五〜五二年）に発表された短編小説を、各年ごとにまとめてみよう、という発想がまずすごい。「占領期」という視点から光を当てると、いままで気づかなかった作品の奥行きが、より明確になる。

たとえば原民喜《はらたみき》の場合、代表作とされる『夏の花』ではなく、原爆が落ちる数日まえまでの広島を描いた『壊滅の序曲』を持ってきたところに、編者のセンスと意気が感じられる。戦争のただなかにも、占領期にも、そして現在においても、人々の日常の営みはつづいている。どの瞬間にも、人間の美とむなしさと不穏な蠢《うごめ》きは等しくひそかに息づいているのだ。それを忘れてはならないだろう。

沖縄の作家である太田良博《おおたよしひろ》の作品『黒ダイヤ』は、異様な熱気に満ちている。まず、沖縄の「お」の字も出てこない。ひたすら、戦時中にインドネシアで出会った少年の目がいかに美しかったか、インドネシア独立の波のなかで再会した彼がどう変わっていたかに、筆が費やされる。無駄のない文章は戦争と人間を鮮烈に描き、受け止めきれぬほどの余韻に、読後しばし中空をぼんやり見ていた。

藤枝静男《ふじえだしずお》の『イペリット眼』は、毒ガスを作る軍需工場で頻発した謎の眼病に迫る短編で、戦争が人々にもたらす残酷と倦怠《けんたい》を淡々と描く。特筆すべきは、上官を描写する際の過剰なまでの肉迫力で、いやーな中年男が読書する私の眼前に立っているかのようだった。藤枝がどれだけ軍隊生活に辟易《へきえき》としていたかが感じられる。

この巻のほかの収録作家は、中村真一郎《なかむらしんいちろう》、上林《かんばやし》 暁《あかつき》、中里恒子《なかざとつねこ》、竹之内静雄《たけのうちしずお》、三島由紀夫《みしまゆきお》だ。とにかく粒ぞろいで、それぞれの戦争を、戦後を、作品を通して嚙《か》みしめることができる。

戦いのさなかにも、厳しい検閲を受けても、ひとは小説を書き、小説を読む。そこにこそ人間の希望があるのだと、私は確信した。

編者の叫びと遊び心満載

――『明鏡ことわざ成句使い方辞典』北原保雄《きたはらやすお》・編著／加藤博康《かとうひろやす》・著（大修館書店）

すぐれものの辞典だ。

出典がちゃんと載っているから、「切磋琢磨《せっさたくま》」は『詩経』から取った言葉なんだな、というようなことがわかる。さらに、どういった局面で用いればいいか、「使い方」も具体的に示される。たとえば、「ブルータス　お前もか」の使い方はこうだ。

「〔ひいきにしていた日本のプロ野球選手がアメリカに移り〕ブルータスよ、お前もか！」

気持ちはわかるが、編著者の過剰な思い入れが感じられて笑える。

笑えると言えば、ことわざの意味を説明している箇所もだ。たとえば「年寄りの冷や水」。

「老齢者に冷水浴は奨《すす》められないかも知れないが、積極的に社会活動をする足を引っぱったり旺盛な好奇心を揶揄《やゆ》したりしてはならないだろう」

もはや、ことわざの意味説明から大幅に逸脱しちゃっている。編著者の切実なる叫びが感じられるのだった。

小説内でのことわざの使われ方が、例として挙げられているのもうれしい。たとえば「レッテルを貼《は》られる」の場合は、西村京太郎《にしむらきょうたろう》の『仮装の時代』からの一節だ。

「江崎は『婦人科カメラマン』というレッテルを貼られていることに前々から不満を持っていた」

なぜわざわざこの部分を引用する？　「婦人科カメラマン」ってなんだ？（なんとなくイメージできるが）

とにかく編著者の遊び心満載で、すぐれもののうえに読んで楽しい辞典である。

特筆すべきは、全体の四分の一強を占める充実した「索引」だ。ありがたいのは、なんと「誤用索引」という項目があることで、これはつまり、「俺の知ってることわざが載ってないぞ！」とお怒りのひとのために、「あんた、まちがった形でことわざを覚えてないか？」と、さりげなく教えてくれる索引なのだ。この懇切《こんせつ》丁寧ぶりはただごとじゃない。

本書を片手に、ことわざを自在に駆使し、気の利《き》いた会話を楽しもうではないか。

『ゴーストハウス』クリフ・マクニッシュ・著／金原瑞人《かねはらみずひと》、松山美保《まつやまみほ》・訳（理論社）

幽霊譚《たん》は好まれつづける。「死んだらどうなるのか」「あの世とはどんなところか」ということに、まったく興味がないひとは少数派だからだろう。

この小説に描かれた死後の世界は、とても斬新な風景と、類例を見ない仕組みをしている。死の瞬間、そのひとにとっての〈いとしい者〉が迎えにきてくれる。しかし、なんらかの理由で〈いとしい者〉が迎えにこられなかった場合、死者の魂は幽霊となって、大変恐ろしい目に遭う。そんな場所へは死んでも行きたくない（もう死んでるが）、というような場所へ……。おっと、この先は読んでのお楽しみだ。

あの世の風景だけでなく、登場人物（幽霊含む）の心情や、この世の景色と光の質感までもが、詩情あふれる繊細な文章で表現される。私は主人公の男の子と一体になって、あの世とこの世、幽霊と生者の境界を漂った。上質な物語だけがもたらしてくれる、読書を通した憑依《ひょうい》体験だ。

『作家の犬』コロナ・ブックス編集部・編(平凡社)

二十五人の作家の愛犬を、豊富な写真で紹介する一冊。飼い犬と一緒のときにカメラを向けられると、人間はついつい顔がほころんでしまうようだ。

子犬を五匹も抱えた川端康成《かわばたやすなり》の写真を見て、私は驚いた。川端康成が、ほ、微笑んでいる……! 愛くるしい子犬たちを腕に、照れくさそうな、しかし誇らしげな表情だ。神経質そうだな、と私が勝手に抱いていたイメージは、彼のほんの一面だったのかもしれない。「黒牡丹《くろぼたん》」と名づけられた犬もいたそうで、このあたりは読者の川端イメージを裏切らない。犬に黒牡丹って……、さすがのネーミングだ。

それぞれの作家の家族や関係者が寄せた文章も、作品世界や日常の生活の様子をうかがうことができて、読み応《ごた》えがある。

集団のなかで生きる人間にとって、さびしさも喜びも分けあえる大切な相棒。写真のなかの犬たちは、飼い主とその家族と同様に、みな幸せそうな顔をしている。

『ランナー』あさのあつこ・著（幻冬舎／幻冬舎文庫）

あさのあつこの書く少年は、いつも背筋がのびている。繊細で傲慢《ごうまん》で美しい、ガラスの背骨を持つかのようだ。しかし読み進めるうちに、彼らの背骨はしなやかで優しい樹木であると気づく。どんな暴風にも耐えて育ち、やがて大きな枝を広げる。

本作では、長距離ランナーである少年・碧李《あおい》を通して、家族と愛情の問題が描かれる。平凡な日常を送るかに見えた登場人物たちは、実は喪失と暴力の影がひたひたと押し寄せる部屋で、じっと息をひそめている。

「愛情は美しくなどない。いつだって相手を必要とする」

支配と束縛にたやすく変じてしまう「愛」を、いかにして本来の姿に立ち返らせるか。碧李のひたむきな走りが、静かに、徐々に、まわりの人々に変化をもたらしていく。耐えて耐えて走り抜く長距離という種目を描くのは、愛と生の本質を描くことにほかならないのだと、本書を読んで改めて感じた。

狸《たぬき》もラッコも交流の証《あかし》

――『どうぶつのお墓をなぜつくるか』依田賢太郎《よだけんたろう》・著（社会評論社）

お寺で動物塚（動物の供養碑）を見かけたことはあったし、獣医学部などには実験動物の慰霊碑があるらしいと知ってはいたが、さして注意を払ったことはなかった。本書によると、「欧米には実験動物慰霊碑のようなものは存在しない」そうだ。たしかに、考えてみれば不思議だ。なぜ日本では、自分のペットでもない動物のために碑を建てるのか。

著者は自分の足でコツコツと、主に東海道沿線にある動物塚を訪ね歩き、供養・慰霊されるに至った動物たちの物語を調査・分類した。とはいえ、堅苦しい内容ではない。動物塚の写真も多数載っている。苔《こけ》むした石碑のモノクロ写真だが、見ていて飽きない。近所のひとが供えたのであろう花が写っていたりする。個人的にベストショットだと思ったのは、「魚塚」のまえに猫が座ってる写真だ。

驚くのは、本当にいろんな種類の動物が、さまざまな理由で塚を作ってもらっているのだなあ、ということだ。猫、犬といった身近な動物だけでなく、狼《おおかみ》やフグやラッコの慰霊碑までである。木更津市の寺にある「狸塚」は、「腹鼓《はらつづみ》を打ち過ぎて太鼓腹を破って死んだという伝説の狸の墓」なのだそうだ。えー？　塚にしてまぬけぶりを後世に残すよりも、そっとしておいてやったほうが狸のためによかったのでは、という気もする。

現在も、食用に供された動物のためなどに、動物塚は作られつづけている。人間と人間以外、伝説と現実の境目がかぎりなく曖昧《あいまい》だということが、動物塚の存在に表れている。この文化と宗教観については、今後ますます分析や考察がなされることだろう。

いままで気にしたこともなかった動物塚が、人間と動物との交流（食べちゃうこともあるが）のたしかな証《あかし》として、なんだか輝いて見えてくる。カバーの味のある犬の絵も、著者が描いたものだそうだ。

『BESTっス！』ゲッツ板谷《いたや》・著（小学館）

ゲッツ板谷のエッセイを読まずに生きるのは、山椒《さんしょう》を振らずに鰻丼《うなどん》を食い、サビ抜きの寿司をつまむのに等しい。ただ満腹になるだけの、味気ない人生は御免《ごめん》だ。そう考えるひとにおすすめの一冊。

家族や友人とのあれこれを書いた日常エッセイだが、これが尋常じゃない日常だ。人間観察が鋭いとか、比喩《ひゆ》が絶妙とか、いい年してしょっちゅう近所のチンピラと喧嘩《けんか》しているとか、本書の美点はたくさんある。だが、こういう「書評」的褒《ほ》め言葉は、本書の破壊力のまえでは無力なチリ紙も同然だ。そんなもんは、丸めて燃やしてトイレに流せ！　とにかく本書を読んで、素《す》っ頓狂《とんきょう》な老若男女から立ちのぼる生活の摩擦臭《まさつしゅう》に、ただむせび笑えばいい！

特記すべきは悪口雑言の豊富さで、私もこの世に生を受けたからには一度ぐらい、「おまえなんざ、『幼児の頃から、母乳の代わりに柿ばっか食ってた罰当たりっ子だよっ!!』」と咆哮《ほうこう》したいとしみじみ思う。

真珠の美しさと謎の海

――『女王国の城』有栖《ありす》川有栖《がわありす》・著（東京創元社／創元推理文庫、上下巻）

人類の救世主たる宇宙人の降臨を待つという、奇妙な（と外部のものには思える）教義を掲げ、信者数を着実に増やしている宗教団体。その本拠地の街を訪れた主人公たちを待ち受けていたのは――、という小説。

待ち受けていたのは殺人事件なのだが、本格ミステリとしてはもちろんのこと、閉鎖空間からの決死の脱出を試みる冒険小説としても、それぞれの悩みとさびしさを抱えた学生たちの青春小説としても楽しめる、一粒で何度もおいしい作品だ。粒のなかでも大粒で、なめらかで複雑な光を宿す真珠のように美しい。どんなに研磨《けんま》された宝石よりも、貝殻の内部で生じる真珠にたとえるのが、この作品にはふさわしいと個人的には感じられる。生き物が生みだす美。確固とした核を内包し、輝くもの。

本書の探偵役である江神二郎《えがみじろう》は、精緻《せいち》な論理の糸を紡ぎ、殺人事件の犯人を徐々に特定していく。その過程をつぶさに目にする主人公は、こう独白する。

「人と人が関わりを持つ限り、謎は生まれ続ける。解き明かすことがかなわない謎の海を、僕たちは泳いでいるのだろう。」

繊細な心理描写と、閉ざされた街の夜霧の奥から浮かびあがってくるのは、結びつきたいと願って果たせず、それでもなお手をのばしあう人々の姿だ。

主要登場人物はみな、さびしさを秘めているが、その孤独に堕《だ》することなく、謎の海を泳ぎつづけようとする。丹念に描かれるそのさまこそが、「なるほど」と読むものをうならせるトリックと、誠実な推理を輝かせる、本書の核なのではないかと思う。

指先に触れるわずかなぬくもりを感じようと、だれもが静かにあがいている。そのあがきは、謎を解きたいと希求する気持ちに似ている。最も複雑にして解きがたい謎のひとつが、ひとの心であることは言うまでもない。

『大いなる人生』高田宏《たかだひろし》・著（芸術新聞社）

伝記（あるいは実在の人物を題材にした小説）を書評しつつ、著者自身も独自に、伝記の対象となった人物の実像に迫る、おもしろい試みの一冊。取りあげられるのは、『樅《もみ》の木は残った』（山本周五郎《やまもとしゅうごろう》、新潮文庫、上中下巻）の原田甲斐《はらだかい》、『ガンジー自伝』（マハトマ・ガンジー・著／蠟山芳郎《ろうやまよしろう》・訳、中公文庫ＢＩＢＬＩＯ20世紀）などだ。

未読の伝記も多かったのだが、著者の熱意と人物への愛情に圧倒され、「うおお、この伝記を読んでみたい！」「このひとについてもっと知りたい！」と、興奮しっぱなしであった。著者曰《いわ》く、「惚《ほ》れて書いてこそ伝記」だそうだが、まさにそのとおりだと実感。この本自体が、すぐれた伝記への、伝記に記された人物への、その伝記を記したひとへの、愛を熱烈に表明した、「伝記本の伝記」になっている。

あらゆる人間が「大いなる人生」を生きている。対象人物への愛なくして書かれた伝記など、読者の貴重な人生の時間を浪費させるだけの紙クズだ。著者のそんな信念が伝わってくる。

『ミッキーかしまし』西加奈子《にしかなこ》・著（筑摩書房）

泥酔！　蛾《が》と格闘！　猫にかしずく！　大阪の濃ゆいおっちゃんから（頼んでもないのに）モテモテ！　泥酔泥酔また泥酔！

テヘラン生まれの作家が繰り広げる、愉快な毎日が綴られたエッセイ。とにかく笑える。とんがってはいるが、嫌味がない。忘れちゃいけないのは、笑いの合間に細やかな抒情《じょじょう》がひそんでいることだ。

「いいエッセイ」の条件は、「著者の体験や生活臭や考えがページから迫ってきて、『このひとは私のためだけに書いてくれている』と読者に感じさせるもの」ではないかと、個人的には思う。本書はまさに、その条件を満たしている。

だれもが自分はまっとうだと思っているが、実は世の中にまっとうなひとなど一人もいないのだなと、深く感得した。まっとうじゃなくても、まあいいか。他人にあまり迷惑をかけぬ範囲で、楽しく自由に生きていけば！　そんなはた迷惑な前向きさが、読むとむくむく湧いてくる。

『虐待の家』佐藤万作子《さとうまさこ》・著（中央公論新社／中公文庫）

二〇〇三年に大阪で起きた事件のルポ。副題は「義母は十五歳を餓死寸前まで追いつめた」だが、本書を読むと、「追いつめた」のは義母だけではないことがわかる。

著者は適切な距離感と丁寧な取材で、加害者である実父と義母の人物像に迫っていく。痛感したのは、ひとは単純に食物だけを食べて生きているのではない、ということだ。非常に陳腐な表現になるが、ひとを生かし育てるのは、根本の部分では「愛情」なのだ。

子どもはいつだって、どんな親に対してもひりつくほど愛を求めている。それに応えない、あるいは愛と暴力をはきちがえて応えるなどということは許されない。しかし許されないのは親だけではない。子どもの周囲には、親にかわって愛情を与えてしかるべき大人がいる。「家族」ではないからといって見て見ぬふりをする社会、大人全員に対して、この事件は重い問いを投げかけている。

愛と憎しみの諸行無常《しょぎょうむじょう》

――『双調　平家物語』橋本治《はしもとおさむ》・著（中央公論新社、全十五巻／中公文庫、全十六巻）

なあ、どうして人間は争い、殺しあうんだ？　どうして、愛し、憎み、だまし、試し、ときに許しあうんだ？

『平家物語』はその疑問に対して、「諸行無常」だからだ、と答えた。「諸行無常」と四文字で明確に表されると、なんとなく、「そうなのか」とわかったような気になる。

しかし、その「諸行無常」の実態とは、はたしてなんなのか。それを徹底的に解釈しつくす試みが、『双調　平家物語』だ。

全十五巻というこの大著は、中国の皇帝の話からはじまり、やがて日本の古代に舞台を移して、平家滅亡に至るまでの歴史を丹念に語る。ここで言う歴史とは、「人間関係」だ。どういう感情と思惑が交錯したのか、「その結果生まれた男」を「生んだ女」はだれなのか。年表や教科書が語ろうとしない、「母と子の系譜」「男と男の系譜」を解き明かしていく。

平重盛《たいらのしげもり》と藤原成親《ふじわらのなりちか》の、粘《ねば》つききらめく愛憎を見よ。「共に死のうぞ！」」、今井《いまい》四《し》郎兼平《ろうかねひら》に向かって放たれる、源《みなもと》義仲《のよしなか》の叫びを聞け。そして、それらすべての男を生み、愛し、じっと眺める、すべての女の血の流れを感じ取れ。

これまで見ないふりをされてきた関係や感情や存在について、『双調　平家物語』は語って語って語りまくる。その関係や感情や存在こそが、人間が抱える「どうして」という疑問の発生源となり、同時に疑問の答えとなるものなのだ、と全編を通して訴えかけてくる。

嘆きと歓喜、感情と思考、行為と結果が繰り返され、綿々とつづいてきた流れ。その流れを見据えて、ある一人の登場人物が沈黙した瞬間、鐘の響きも完全に消える。「諸行無常」の四文字で表される人間関係は、すべて語りつくされた。響く鐘の音を聞いた読者（私たち）は、あとに残った沈黙のなかで、今度は各々の物語、各々の人間関係について、自分で考え、語りださなければならない。

物語は人間の子ども
――『灯台守の話』ジャネット・ウィンターソン・著／岸本佐知子《きしもとさちこ》・訳（白水社／白水Uブックス）

この小説は、「旅をする物語」の話だ。

「旅行記」という意味ではない。物語自体が、旅をする。灯台から灯台へ。老人から少女へ。黴《かび》くさい日記からそれを読むものへ。荒波を越え、個という輪郭を突き抜け、時空を超えて、澄んだ美を宿した物語は伝わっていく。

同時に物語は、登場人物の記憶を旅する。愛の物語、裏切りの物語は、細胞のように血液のように、登場人物それぞれの体を構築し、心のなかを流れる。

個々人に宿る物語は、ときとして地球上を旅し、私ではないだれかのもとに届く。増殖し、変形し、また新たな物語を生みだす。そう考えると、物語とは、物理的な意味での受精を必要とせずに生まれる、人間の子どもなのかもしれない。身体的接触や血脈やＤＮＡなどとはまったく別次元にある、暗黒と聖性を兼ね備えた生命体なのかもしれない。

「言葉とは、語ることのできる静寂の一部分なのだ。」それはたとえば、「誰かを愛したとき」に、「そのとおりに言うこと」だろう。すなわち、「愛してる」と。「愛してる」は、静寂の一部分にすぎない。でも、言わずにはいられない。伝わるかどうかわからなくても。

そうして発された、たくさんのかそけき「愛してる」は、物語となって旅をする。心から心へ。灯台から灯台へ。なかには、波に飲まれてしまった物語もあるだろう。しかし無駄ではない。言葉にしなければ、それは永遠に、無と同じだったのだから。

本書を読んで、ひとつの「愛してる」が、長い長いさすらいを終えてたどりついたさきを見てほしい。それを目にしたとき、私は心のなかで、静かに強くつぶやいた。私はこの物語を、この小説を、心から「愛してる」、と。

詩情と力強さを秘めた物語が、本という物体から旅をして、私の心へ届いた瞬間だった。

『久生十蘭「従軍日記」』久生十蘭《ひさおじゅうらん》・作／小林真二《こばやししんじ》・翻刻（講談社／講談社文庫）

一応は日本の報道班員として「従軍」してるはずなのに、グータラしすぎだ。日記の前半はほぼ毎日、麻雀《マージャン》する。しかも、けっこうな割合で負ける。わざわざ南方戦線まで行って、なにやってんだ。

と、久生氏自身も思ったらしく、「小説執筆が進まない」とか「下痢が治らない」とか、鬱々《うつうつ》と悩む。下痢なのにコーヒーと酒をガブガブ飲んでるから治らないのではないか、と読みながらハラハラする。

前線に赴く後半は、一転して状況が緊迫する。頻繁に空襲に遭うのだが、モタモタして服を着られず、衣服を抱えて防空壕《ごう》へ走ったりする。この調子で生き延びられるのか、と読みながらハラハラする（生き延びて、戦後も傑作を書いたわけだが）。

「ただひたすらに文章を書かなければ呼吸ができないひとだったんだな」と痛感した。憑かれたように記録する。だれのためでもなく。その気迫が、作家・久生十蘭の生を支えたのだと、伝わってくる。

戦争の非日常に遊ぶ少女

――『倒立する塔の殺人』皆川博子《みながわひろこ》・著（理論社／ＰＨＰ文芸文庫）

太平洋戦争末期の女学校を舞台にしたミステリー。一人の生徒の謎の死をめぐって、少女たちは一冊のノートに小説をまわし書きしていく。紡がれる物語を通して、はたして死の真相にたどりつくことができるのか？

東京は連日のように空襲に遭い、この作品の根底には、生々しい死のにおいが横たわっている。だが、悲惨かつ悲痛な、よくある「戦争物」とは、まったく趣が異なる。

少女たちは表面上は淡々と、西洋の寄宿舎みたいな美と清浄な空気に満ちた世界に暮らす。本来なら非日常であるはずの戦争が、すでに彼女たちの日常であるからだ。同時に、「戦争という日常」に迎合したり流されたりしない気高さが、美と清浄な空気に満ちた「まっとうな非日常」を出現せしめているとも言える。

少女たちのユーモアと友情が、存分に味わえる。嫌な教師に「ゲビタコ（下卑蛸）」とあだ名をつける。学徒出陣する男子学生を雨の明治神宮外苑で見送り、「異性に恋したのではなく、彼らの悲愴感に、恋したのだ」と冷静に断じる（しかし興奮したのか、突如として生理になる)。読んでいて、思わず噴きだした直後に、「なるほど」とうなずかされる。こういう感性、十代のころにはたしかにあった!

潔癖で誇り高いのは、少女の特徴だ。少女はいついかなる時代においても、日常をしたたかに生きつつ、魂を非日常に遊ばせる傾向にある。暴力や権力に毅然《きぜん》として「否《いな》」と言い、友人への嫉妬《しっと》や敬慕《けいぼ》で心をいっぱいにする。

自分の足で立つ。時流に逆らう(つまり、「倒立する」)ことになろうとも。美しく残酷な少女という生き物が活写されていて、年齢性別を問わず楽しめる作品だ。

装幀やイラストなど、隅々まで仕掛けと美意識に貫かれた一冊。物語や絵や音楽が、いかに人間を救い生かすものであるかを、この本自体が表現している。

『新バイブル・ストーリーズ』ロジャー・パルバース・著／柴田《しばた》元幸《もとゆき》・訳（集英社）

「アダムとイブ」や「よきサマリア人」など、『聖書』に載っている話を、著者独自の視点で新しい物語として語りなおす試み。

これがとても楽しくて、たとえば「ノアの箱舟」の場合、人間を箱舟に乗せてやるべきか否かで、カバや鮫《さめ》やゴキブリなど、あらゆる生物が集《つど》って大激論を戦わせる（バクテリアももちろん出席！）。

著者の手にかかると、教訓くさいなあと思っていた話が、途端に生き生きと、宗教や文化のちがいを超えて輝きだす。ずっと昔から人々に語り継がれ、親しまれてきた「物語」が宿す強さと光。装いを新たに語りなおされた話を読んで、それがすごく伝わってきた。

ままならないことは多いけれど、悪も怠惰も嘘《うそ》もひっくるめたうえで、なるべくみんなで幸せに暮らそう。決して諦めることなく。物語にこめられる願いは、人間に心があるかぎり不変だ。

『短歌の友人』穂村弘《ほむらひろし》・著（河出書房新社／河出文庫）

短歌を詠むひとは、古今の短歌についてこんなに日夜考えをめぐらせ、実作に挑んでいるものなのかと、改めて圧倒された一冊。かなり本格的な歌論も収録されているが、著者の迸る《ほとばしる》短歌愛がとにかくすごいので、門外漢であっても知らず知らずのうちに惹《ひ》きこまれること請けあいだ。

特におもしろいのが、詩人と歌人の「普通さ」の度合いについて比較検討する項だ。斎《さい》藤茂吉《とうもきち》のウナギへのこだわり（これが爆笑なのである）を例に挙げ、歌人は過剰なまでに「普通さが濃い」（＝庶民度が高い）、と著者は自説を展開する。

この説が正しいのか否かは、どうも判断しかねる。だって本当に「普通」のひとは、ここまで真剣かつ愛をもって、短歌について考えたりしない。異様に高濃度な「普通さ」の陰にひそむ、著者の鋭く激しい短歌への熱情に、ほんとにしびれた。私に歌魂《うただましい》があれば、ここで本書に一首捧げたいところだ！

三章

本が教えてくれること

『植民地時代の古本屋たち』沖田《おきた》信悦《しんえつ》・著（寿郎社）

日本の植民地だった場所（樺太、朝鮮半島など）に、日本人の古本屋が戦前・戦中にいかなる店を出し、どのように商いしていたかを調べた、画期的な本。

著者の着眼点が、まずすごい。そして、距離も荒波もものともしない、古本屋さんたちの情熱がものすごい。本とひとの存在するところに、古本屋は必ず出現するのである。

本土（日本列島）の古本屋も、掘り出し物を求めて、植民地に出店した同業者のもとへ積極的に買いつけに行った。当時の地図や当事者の手記が資料として載っていて、ちょっとした冒険気分を味わえる。目に新しい風景を楽しみつつ、結局最後はみんな、本を漁《あさ》ることに夢中になっちゃっているのがおかしい。古本大好き人間のやることは、どの土地に赴いても、いまも昔も変わらないんだなあ、と親近感が湧いた。

本を愛し、平和に読書できる時間を愛するひとにとって、忘れてはならない記憶が記録されている。

『中国名言集　一日一言』井波律子《いなみりつこ》・著（岩波書店／岩波現代文庫）

一日一個、三百六十六日ぶんの中国の名言を収めた本。的確な注釈と、名言を吐いた当人（孔子《こうし》、陶淵明《とうえんめい》などなど）の肖像画が豊富に載っているので、中国の歴史や文学に疎いもの（私だ）でも、興味が湧いてぐいぐい読み進められる。索引も充実。

友人を失った伯牙《はくが》さんのエピソードに胸打たれたり、「後楽園」という名称のもととなった名言に感心したり、現代人の心にも響く言葉が満載だ。読むうちに、著者と対話する気分になれるのもうれしい。愛妻を亡くした梅堯臣《ばいぎょうしん》は、「如《かく》も美しく且《か》つ賢《けん》なるは無し」と嘆いた二年後に再婚したそうで、著者は「どうも釈然としない」と注釈で感想を述べる。「まったくですな」と大いに同感したのだった。

一気に通読するもよし、一年かけて一日ずつ熟読するもよし、運を天に任せて（？）開いたページにある言葉をその日の自分の行動基準にするもよし。さまざまに楽しめる。

裏社会の繊細な魂に迫る

――『ヤクザ、わが兄弟』ヤコブ・ラズ・著／母袋夏生《もたいなつお》・訳（作品社）

映画や漫画や小説には、かっこいいヤクザや冷酷非情なヤクザが頻繁に登場する。だが、実際の彼らがなにをし、どんな考えや感情を抱いて生きているのか、知る機会はなかなかない。「ヤクザ社会」と「一般社会」のあいだには隔てがある。彼らはたしかに、現実に存在しているのに。

イスラエル人の著者は、隔てをものともせずヤクザ社会に深く踏み入り、『ヤクザの文化人類学』（高井宏子《たかいひろこ》・訳、岩波現代文庫）という好著ものした学者だ。本書は、その経験をもとにした「実録小説」。

失踪《しっそう》した友人がヤクザになったことを知り、著者は「彼を探してほしい」とヤクザの大親分に依頼する。その過程で目にする、裏社会の暴力と非情さ。でもそれ以上に印象的なのは、裏社会に生きる人々の繊細な魂だ。

著者は、単なる研究対象としてヤクザを選んだのではない。失踪した友人のヤクザを探しながら、自身のアイデンティティをも追求する。ひとはどこを自分の居場所とし、どこへ帰りたいと願うものなのか。著者がヤクザの信頼を得られたのは、「外国人」だったからではない。ヤクザは、「ヤクザ」なのではなく、「ヤクザの社会に身を置く一人の人間」だ。そういう姿勢で、彼らと親しく交流したからだ。

死の床についたヤクザの大親分は、自負をこめて著者に語りかける。

「まっとうな市民社会から、わしらは新しい社会に逃げ出した。ヤクザ社会へ。」

たしかに存在するヤクザ社会から目を背けるのは、「まっとうな市民社会」に存在する差別やひずみから目を背けることだ。

「まっとうな市民」とされる大多数のひとの胸にも、切実なる問いかけは存在する。私たちはどこへ帰ればいいのか。これは、「社会に生きる人間という存在」の根源にある問いかけだ。そこから目をそらしてはならないのだと、本書は熱くものがたっている。

同性愛者の市場十八兆円

――『ゲイ・マネーが英国経済を支える⁉』入江《いりえ》敦彦《あつひこ》・著（洋泉社新書y）

イギリスのゲイ（同性愛者）は、活発な消費活動を行っている。高収入のひとが多く、しかし宵越《よいご》しの金は持たない傾向にあるゲイたちは、各々の美意識にかなった商品を積極的に買い、旅行や娯楽や教養費などにバンバンお金を使う。企業は当然、優良な顧客であるゲイをターゲットに商品開発をし、サービスを充実させる。かくして、イギリスには同性愛者のための巨大市場が形成された。市場に流通する、「ピンクポンド」と呼ばれるゲイ・マネーはなんと、いまや年間十八兆円を超えるそうだ！

イギリスには、同性愛者であることをカミングアウトした閣僚が何人もいること。同性婚《シヴィル》が可能になって以降、多くのゲイがゴージャスな結婚式や新婚旅行を実施していること。イギリスの同性愛者を取り巻く現状や、ゲイの消費活動について、本書は楽しく真剣に紹介してくれる。長きにわたって差別と闘い、手にして当然の権利をようやく手に入れつつあるゲイ。彼らの破竹《はちく》の消費活動を止められるものは、だれもいないのだった。

もしかしたら、「同性愛」と聞いただけで眉をひそめるひともいるかもしれない。しかしもう、性的指向が自分と異なるからといって、陰に陽に差別してる場合じゃないのではないか。だって十八兆円ですよ！

もしイギリスで、「日本はゲイを差別しないらしい」という情報が広まって、ゲイの旅行者が大勢観光に来たら、いったいどれだけの経済効果があるだろう。それを考えただけでも、いわれなき差別と偏見を持ちつづけることがいかに不利益か、明白ではないかと個人的には思う。

正当な方法で得た収入で、堂々と消費活動をすること。当然の権利を得て、市民としての義務（納税など）を果たしつつ自由に生きること。それがどれだけ、人々を幸せにし、社会を豊かにし、経済を潤わせるかを、本書はユーモアを忘れず、見事に活写している。

『キュリアス・マインド』ジョン・ブロックマン・編／ふなとよし子《こ》・訳（幻冬舎）

二十七人の科学者が、子ども時代と科学者になったきっかけについて、自由に書いたエッセイ集。

「マウンテンゴリラになりたかった少年時代」を熱く語る生物学者（ヒゲモジャの顔写真を見るに、彼が夢を諦めていないことがなんとなくうかがわれる）。思春期に自分を振りまわした性衝動の正体を解明すべく、現在も嫉妬や性行動の研究に打ちこむ心理学者（「自分は不器用だ」と言っているが、たぶんモテるんだろうなと容易に推測できる魅力がある）。愉快で奔放で、でも真剣なエッセイばかりだ。私が一番好きなのは、物理学者のJ・ドアン・ファーマーの文章で、風変わりな近所の若者・トムと過ごした少年時代の思い出は、青春短編小説のような輝きと冒険に満ちている。

科学者になりたい少年少女はもちろんのこと、どう転んでも科学者にはなれなかった大人にとっても、読むと心が躍る一冊だ。

社会全体で戦うべき暴力
――『性的虐待を受けた少年たち』アンデシュ・ニューマン、ベリエ・スヴェンソン・著／太田美幸《おおたみゆき》・訳（新評論）

本書の著者は心理療法士だ。スウェーデンの「ボーイズ・クリニック」で、性的虐待を受けた少年たちの治療に携わっている。

虐待の事例と治療の経過について、著者はきわめて淡々とした筆致で報告する。しかし、だからこそ逆に、加害者への激しい憤りが伝わってくる。少年たちの受けた傷が恢復《かいふく》するよう、まっとうな大人が、スウェーデン社会全体が、いかに真摯《しんし》に問題に取り組んでいるかということも。

性犯罪の被害者は女性ばかりだろうと、どうしても思いがちだ。だが、実際はちがうことが、本書を読んでよくわかった。「男性の被害者や女性の加害者がいるわけがない」という誤った思いこみは排さなければならない。性犯罪によって受ける心の傷、衝撃、痛みに、当然ながら男女の別はない。

「おまえが誘ったんだ」「隙があるから被害を受ける」などという言説が、いかに真実から乖離《かいり》したものであるかも、本書はつまびらかにする。殴られたひとに向かって、「殴ってほしそうな顔をしてたんだろう」と言うひとや、殺されたひとに対して、「隙があるからだ」と言うひとはいまい。殴打《おうだ》や殺人と同じく、性犯罪も明確に暴力である。特に表面化しにくく、弱い立場の子どもになされる性的虐待に、暴力の本質的な部分が（悪い意味で）凝縮されている。

読んでいて、何度も苦しくなることがあった。でも、目をそらすことはできない。人間同士の信頼を、愛情を、対話を、暴力がどれだけ残酷に破壊するか、だれもが知っている。「自分は性的虐待の加害者になんかならないから」「性犯罪の被害を受けたことはないから」といって、他人事《ひとごと》のように構えていていいはずはない。我が子がいるいないにかかわらず、この問題は社会全体で考えていくべきだと思った。あらゆる暴力から無縁でいられるひとは、存在しないのだから。

すてき！　まてまてか塾

――『和算小説のたのしみ』鳴海《なるみ》風《ふう》・著（岩波書店）

「和算」は、江戸時代の日本で発達した数学だ。「和算家」と呼ばれる人々が、流派を作って和算を教えたり、武芸者のように諸国を旅して、和算の実力を戦わせあったりしたらしい。

本書では、和算の歴史や和算家について、門外漢にも親しみやすいように紹介してくれる。和算は江戸時代の民衆に大人気で、独自に考案した和算の問題と解法を、額にして神社に奉納するのが流行していたそうだ。現代で言うと、パズル雑誌に問題を投稿し、「あいつ、難問を考えつきおったな」と周囲をうならせるような感じだろうか。いつの世にも、日常に密着した娯楽として、数の世界が存在していることがうかがわれる。

もちろん女性も和算に熱心で、和算書を出版したひともいたというのだから、頼もしい。和算の塾もたくさんあって、そのうちのひとつの名は「瑪得瑪弟加塾《まてまてか》」（オランダ語のMathematica から取ったらしい）」。か、かわいい。「今日は瑪得瑪弟加塾に行く日なんだ」とか言ってみたい。

本書がすごいのは、和算を紹介するのみならず、和算を題材にした現代作家の小説も紹介しているところだ。「和算」という面から小説に光を当てて書評した本は、これまでなかったのではないか。新田次郎《にったじろう》、八切止夫《やぎりとめお》、井上《いのうえ》ひさし、宮部《みやべ》みゆきほか、さまざまな作家が和算小説を書いていることがわかる。

既読の作品についても、「そうか、これは『和算小説』でもあったのか！」と、新鮮な気持ちで再読することができるようになるし、未読の作品については、「いますぐ取り寄せて読みたい！」という熱望に駆られる。紹介文から、自身も和算小説を多く発表している本書の著者の、和算への熱い思いと、小説という表現形態への深い愛が感じられるためだ。

和算という、小説を読むにあたっての新しい視点をも提示した、楽しい本である。

輝き放つ劇の街ナポリ
――『最後のプルチネッラ』小島《こじま》てるみ・著（富士見書房）

ぬおお、こんなに魅力的な人々が住む、悪魔的吸引力に満ちた街があったとは！　いますぐイタリアのナポリに行ってみたい！　熱情に駆られ、戸棚にしまいこんだパスポートの有効期限を思わずたしかめてしまったのは、この素晴らしく楽しくて味わい深い小説を読んだからだ。

複雑な歴史と豊かな文化を有する街ナポリでは、即興仮面喜劇《コメディア・デラルテ》が盛んだ。劇に登場する道化「プルチネッラ」は、ナポリに暮らす人々の喜びと悲しみを象徴する役柄として、観客に長く親しまれてきた。道化を演じる特にすぐれた喜劇役者には、「最後のプルチネッラ」という称号が与えられる。

本書は、二つのストーリーが絡まりあって進行する。ひとつは、喜劇『最後のプルチネッラ』の主役の座をめぐり、ワークショップで火花散る演技合戦を繰り広げる二人の少年の物語。境遇も演技の質もちがうルカとジェンナーロは、ライバルとして友情を深めながら、「演じるとはなにか」を熱く追求する。もうひとつは、とある道化の流転の物語。道化の魂は転生を繰り返し、ナポリの歴史と、そこに生きる人々の悲喜こもごもを体感する。

劇とは、境界の持つエネルギーが凝縮したものだ。生と死、希望と絶望、男と女、繁栄と貧困。仮面の裏と表のように、両者はまったく別の顔を持っているかに見えて、実はそのあわいは常に揺らいでいる。揺らぎのエネルギーから劇《ドラマ》は生じ、劇《ドラマ》は人間の本質を照らしだす。

自分ではないなにものかになってみたいと願う、自由な精神。自分とはなにものなのかを知ろうとする、強靱な意志。演じることを通して自己と他者を見いだしていくルカとジェンナーロの姿は、境界で揺らぐ心こそが人間を人間たらしめるのだと告げるかのようだ。

すべての登場人物が、生命の放つ美しさと躍動感に満ちている。彼らの生きるナポリの街が、聖性と猥雑《わいざつ》の狭間《はざま》で輝いている。窓から愛を叫びたくなったほど、好きな小説だ。

『筑豊《ちくほう》じん肺訴訟　国とは何かを問うた18年4か月』小宮《こみや》学《まなぶ》・著(海鳥社)

過酷な労働条件で、石炭を掘りだしてきた炭鉱労働者。彼らを襲ったのは、「じん肺」という職業病だった。死に至ることの多いこの病は、炭鉱内の粉塵《ふんじん》を吸いこむことで起きる。

日本が近代化し発展してきた陰には、石炭の力がある。日常で石炭を使った経験がほとんどない私の世代であっても、歴史を振り返れば、石炭の恩恵によって形づくられた繁栄のもと、いまの生活があるのだと容易に察せられる。国と会社の無策によって病気になった炭鉱労働者と、彼らの家族を、無視していいはずがない。

本書は、じん肺の被害者とその家族が、国と会社を相手に裁判を起こし、全面勝訴をつかむまでの記録だ。十八年以上におよぶ、原告側にとって長く苦しい法廷での戦いの結果、「労災職業病」についての裁判ではじめて、国に法的責任があるという画期的な判決が下った。

著者は提訴時からの原告側弁護士だ。堅苦しいひとではないらしく、被害者の苦しみが胸に迫って法廷で思わず涙してしまい、「説得力のある弁論ができず、弁護士として恥ずかしい」と反省したりもする。また、被告である会社の顧問弁護士と、息を呑《の》む駆け引きも繰り広げられる。このあたりのやりとりは、法律の素人が読んでもスリリングだ。

著者の根底には、熱い感情と論理的な思考がある。法律は人間の幸福を実現するためにあるのではないのか。苦しんでいるひとが現に存在するのに、彼らを法で救えないのだとしたら、国家とは、支えあうために社会を形成したはずの人間とは、いったいなんなのか。

「法の実践は社会悪とたたかい／時代の逆流とたたかい／自分自身とたたかう闘争である」という、法学者・末川博《すえかわひろし》氏の言葉が、この裁判の本質を象徴している。

本書に記された事実は、「過去の出来事」ではないし、他人事でもない。人間の尊厳と正義と幸福のための闘争に、終わりはないからだ。

『20世紀破天荒《はてんこう》セレブ』平山亜佐子《ひらやまあさこ》・著(国書刊行会)

ルイズ・ブルックス、宇野千代《うのちよ》、ココ・シャネル、大屋政子《おおやまさこ》など、二十世紀を破天荒に生きた女性二十人を紹介する本。装幀やコラムや年表も含め、隅々までしゃれている。

人選の基準は、自立して財力や地位や愛を獲得した女性ということのようだ。とはいえ「破天荒」なので、暴走ぶりに周囲が迷惑したり、度を越して落ちぶれたりするケースもある。でも、どんな状況でも信念と気高さを失わないのが真のセレブというもの。二十人の女性の一生は、きらめきと誇りに満ちている。

各人のペットの名前も知ることができる。このミニ知識をどこで活かせばいいのやらとも思うが、たしかに人物像が透けて見える。犬や猫、馬はいいとして、どうしてネズミを飼ってる破天荒セレブが多いのだ? 猛々《たけだけ》しき彼女たちの心を、小さき生き物が慰めたのであろうか。いろいろ想像できて、とても楽しい。

言語を超えた芸の天才

――『人生、成り行き　談志一代記』立川談志《たてかわだんし》・著／聞き手・吉川潮《よしかわうしお》（新潮社／新潮文庫）

言語を駆使して、言語による認識のくびきから跳躍してみせる。この逆説を成し遂げられるひとは、ほとんど皆無だろう。落語家・立川談志は、それを実現している稀有《けう》な存在だ。

落語に対する自負と気迫、すぐれた分析能力と表現力、孤独と親和、そして常人にはどうも理解しがたい素っ頓狂な爆笑エピソードの数々（なぜか国会議員になる、師匠にヘッドロックをかます、など）。生い立ちから現在に至るまでを多面的にインタビューした本書は、きわめておもしろく深みのある芸談になっているし、「立川談志」という人物そのものを魅力的に浮き彫りにする。

胸に決めたひとつのことを、ひたすら追求しつづけるのは、楽しいけれどさびしいことだ。あまりにも高度と深度があるので、そのひとがどこを目指しているのか、周囲の人間には計りきれない。しかし、そのひとが「なにかすごいことを実現している」ということだけは、しっかりと感受できる。

前人未踏の境地を、そこには至れないものにも感じ取らせてくれるひと。人間の心の謎に迫り、まったく見たことのなかった風景を垣間見させてくれるひと。その力のあるひとこそを、天才と呼ぶのだろう。

立川談志の高座《こうざ》を聞くと、脳髄が熱くしびれる。異次元に連れ去られてしまったような浮遊感がある。言語で構成された芸のはずなのに、言語では把握できない「なにか」が凄《すご》みとともに立ち現れる感覚。

でも、その「なにか」は、私たちの内側にもとからあったものなのだ。それはいつも人間の心のなかで、ひっそりととぐろを巻いている。

落語とは、落語を生みだし享受してきた人間という生き物とは、なんて楽しくおそろしいんだろう。だれの胸にもある沃野《よくや》（荒野かもしれない）の存在に改めて気づかされ、読んでいてなんだか震えがくる一冊だ。

現代女性に怒濤《どとう》の教訓

――『古典文学にみる女性の生き方事典』西沢正史《にしざわまさし》・編（国書刊行会）

日本の古典に登場する女性と、女性作者（額田女王《ぬかたのおおきみ》・紫式部・道綱《みちつな》の母《はは》など）について、人物像や作品世界、後世に与えた影響などを考察した事典。現時点での最新の研究成果が、素人にもわかりやすいように盛りこまれているので、古典にはじめて触れてみようとするひと、新しい目で古典を読んでみたいひとにとって、頼りになる指南書だ。

「古典」というと、なにやら不動の存在のように思えてしまうが、実際はそうではない。時代を超えて読み継がれてきたからこそ、読み手の生きる時代状況に応じて、古典はまったく異なる新たな顔を見せ、評価と解釈は変転しつつ深まっていく。古典は化石のように硬直したものではなく、いまも常に揺らぎつつ人々を魅了する、生きた「作品」なのだ。本書を読むと、そのことが実感される。事典形式の項目立ての奥に、古典に魅惑された数多くの研究者の、情熱的かつ冷静な解釈と作品に対する愛が脈打っているからだ。

ひとつ気になるのは、ほぼ全項目の末尾に添えられた、「現代に生きる女性」の欄だ。その項目で取りあげた古典作品に登場する女性の生き方から、現代の女性にも通じる教訓を読み取ろうという試みなのだが、残念ながら私には、どれひとつとして十全に共感できる教訓がなかった。現代女性の生き方が、教訓では対応できないほど多様すぎるためなのか、古典に登場する女性の生き方が、現代的な教訓では縛りきれないほどブッ飛んでいるためなのか、たぶん理由は両方だと思う。

最初は、「『どちらかというと、女性の方が（中略）本能的で、性にのめりこみやすいといえるのではないだろうか』って、おいおいなにを根拠に！」と憤っていたのだが、怒濤の教訓波状攻撃に圧倒され、古典文学からなんとしてでも教訓を導きだそうとする無謀かつ果敢な挑戦に、シャッポを脱ぐ気持ちになった。

好奇心が生む孤独と苦悩

――『少女が知ってはいけないこと』片木《かたぎ》智年《ともとし》・著（ＰＨＰ研究所）

女性が古来、「罪深いもの」「誘惑するもの」「禁忌を破るもの」だとされてきたのはなぜか。その疑問は、なぜ少女が古来、「知ること（好奇心）」を戒《いまし》められてきたのかを論考することにつながっていく。「アダムとイブ」や「パンドラの壺《つぼ》」や「エロスとプシュケ」などの神話やおとぎ話から、「知ること」と「心」の相関関係を読み取る本書の手法は、大変刺激的だ。人々が「心」や人間関係をどう捉えてきたのかを、著者は公正な姿勢で解き明かす。

不変で自明なもののように見える人間の「心」は、その実、時代や社会や制度によって、在りかたと表現方法をさまざまに変容させてきた。心の在りかたが変容すれば、価値基準や感情レベルも自ずと変動する。人間が試行錯誤を重ね、自らの「心」をどう把握し表現しようとしてきたのかが、本書を読むとよくわかる。

たとえば、いまで言う「恋愛」の概念が発明されたのは、「女性の文化的地位の向上」があった十七世紀なのだそうだ。思ったよりも最近のことである。しかし、発明から数百年しか経っていないのに、すでにして「恋愛」という概念がどうもしっくりこないと感じる人間もいる（残念ながら私だ）。「心」は不動の形を成すことなく、全人類が納得するような共通ルールもないまま、常にモヤモヤと蠢《うごめ》きつづける。

行く手に必ず「死」が待ち受けているのだと知ってはじめて、ひとは思考と感情を芽生えさせ、愛と罪を胸に抱き、肉体を持っていることを自覚する。死を知らなければ十全には生きられないという矛盾のなかで、人間は脈々と、「心」とはなんなのかを考えてきた。

すべてを「知りたい」と希求する気持ちと、「知ろう」とする意志とを抑えがたく抱えながら、自分以外のだれかと心と体を寄り添わせようとする。ひとの孤独と苦闘の多くは、「知」への欲求から生じるものなのだなと、本書を読んで切ないような充実感とともに思った。

驚きの野獣的エピソード
――『江戸の下半身事情』永井義男《ながいよしお》・著（祥伝社新書）

文楽（人形浄瑠璃）や歌舞伎を見ていると、江戸時代人とのジェネレーションギャップを感じることがたまにある。私が一番たじろぐのは、登場人物（つまり江戸時代人）の下半身の奔放さだ。

若い恋人同士が、すぐに腰掛け（道端の簡易ラブホテル）にしけこむ。舅《しゅうと》も姑《しゅうとめ》も子どもも家屋内にいるのに、時間を問わずに夫婦が「しっぽり」する。寝床を衝立《ついたて》で隠すだけなのは、空間に限りがある舞台ならではの「お約束」なのか。それとも実際に、そんな音も気配も筒抜けの状態で「しっぽり」してたのか。

観劇のたびに疑問で物狂おしい気持ちになっていたのだが、本書を読んで謎が解けた。江戸時代の家屋にプライバシーはなく、江戸時代人の下半身はわりと奔放だったのだ。長屋に住む豆腐屋の夫婦が毎朝一戦を交え、それを覗き見するのが近隣住民の楽しみだったこと。性病が大蔓延《まんえん》していたこと。「老いてなお盛ん」にも程がある精力老人がいたこと。などなど、江戸時代人の下半身事情を、本書は楽しくも冷静な筆致で紹介してくれる。

豊富な資料から立ち現れてくるのは、常に世間の目を意識せざるを得ず、身分制度に縛られ、人身売買が公認されていた時代に生きる、生身の人間の欲望だ。哀しみと滑稽がないまぜになった、ほとんど野獣的下半身エピソードのオンパレードである。江戸にタイムスリップしたらどうしよう。郷に入っては郷に従い、奔放な性生活を営むべきなのかと真剣に悩む。

なによりすごいのは、下半身事情を日記などに記録した江戸時代人が大勢いたことだ。もちろん、それを丹念に拾い集め、江戸初心者にもわかりやすく教えてくれた本書の著者のすごさは言うまでもない。

現代人で、江戸時代人ほど積極果敢に下半身の冒険に打って出られるひとは稀《まれ》だろう。江戸時代が身近でありながらひどく遠く感じられるという、刺激的な時間旅行を楽しめる一冊だ。

発想の異なる日本と中国

――『魚偏《うおへん》漢字の話』加納喜光《かのうよしみつ》・著（中央公論新社／中公文庫）

飲み屋でたまに刺身を頼もうとしても、「本日のおすすめ」に書かれた魚の漢字が読めず、注文できないことがある。かなしい。食べたい魚を思う存分食べるため、魚偏《うおへん》漢字に強くなろうと考え、本書を手に取った。あまりにもおもしろくて、食い気を忘れて読みふける。

魚偏の漢字には、「鰯《イワシ》」とか「鱈《タラ》」とか、国字（日本で作られた漢字）が多いのだそうだ。漢字を発明した古代の中国人は、海の魚より淡水魚をよく食べた。そのため、海の魚を表す漢字が、比較的少ない。中国から漢字が伝来した当初から、日本人は頭を悩ませてきた。「俺たちがふだん食べてるイワシやタラに相当する漢字がない」。そこで、日本人は必要に応じて、新たな魚偏漢字をいっぱい作ったのである。

海の魚に対する日本人の思い入れ（と食欲）もおもしろいが、新しく漢字を作る際の、中国と日本の発想法のちがいも興味深い。「意味のイメージを図形化」して漢字を作る中国人に対して、「弱い魚だから、魚偏に弱でイワシ！」と、日本人はけっこうストレートというか安直な発想で漢字を新作する。

もちろん日本人もずっと昔から、「中国の文献に出てくる『鮪』という漢字は、日本でいうとなんの魚のことなのか」などと、推理してはいた。「マグロだろう」と結論づけ、私たちはいま、「鮪」を「マグロ」と読んでいる。しかし実際は、「鮪」は黄河や長江に住む「チョウザメ」を指す漢字だったのだ！

それはちょっと推理しきれないよな、と思う。チョウザメが住んでる河なんて、日本にはたぶんないだろう。輸入文化である漢字を必死に解読し、使いこなそうとした昔の日本人の努力（たまに空回り）に、頭が下がる思いがした。

食文化や発想法のちがい。だれかとつながりたいと願って文字と格闘してきた人々の、歴史とさまざまな工夫。たくさんの発見がある一冊で、魚好きも漢字好きも大満足！

身近に潜む科学的ロマン
――『左対右　きき手大研究』八田《はった》武志《たけし》・著（化学同人）

いろいろな国で、多くの研究者が「きき手」について調べている。人間のきき手のみならず、猿や猫や魚（！）や蛇（‼）のきき手（「手なのか？」という疑問も生じるが）についてまで研究されている。それらの論文を集め、実験方法と成果と今後の研究課題を素人にもわかりやすく、慎重かつ公正に吟味して紹介してくれるのが本書だ。

驚きの実験結果や統計報告が目白押しなのだが、私が特に「なんと！」と思ったのは、「左きき短命説」だ。この説自体は、「単純には肯《がえ》んじるわけにはいかない」と著者も言っているので、左ききのかたは安心してください。

ではどうして、一見すると左ききが短命なような統計が出るのかというと、「左ききが戦争時の戦闘場面で命を落としやすいことが原因」ではないか、との指摘があるそうだ。つまり、武器は多数派である「右きき仕様」になっていて、左ききの人には使いにくいということだろう。

「左ききの人は右ききにも増して戦争反対の声を強める必要があるようである」と著者は

言う。きき手の研究についての本を読んでいて、戦争反対の意を強くすることになるとは予想していなかったが、左ききである親しい人々の顔を思い浮かべ、私は大きくうなずいた。彼ら、彼女らが、左ききだというだけで命の危険により多くさらされるのだとしたら、その一点のみで、戦争の理不尽さと馬鹿らしさが明らかになるというものだ。

ほかにも、「きき手と記憶の関係」など、興味深い実験結果が多々ある。これらの実験の目的は、きき手による優劣の判定ではもちろんない（優劣などない）。記憶や脳の仕組みに迫るために、研究者は熱意と根気をもって、きき手の謎を解明しようとしている。

すぐに暮らしに役立つ研究ではないかもしれないが、読んでいて楽しい。身近な部分にも、まだまだ科学的ロマンはひそんでいるのだ。

『めざせイグ・ノーベル賞　傾向と対策』

久我羅内《くがらない》・著（ＣＣＣメディアハウス）

今年（二〇〇八年）、日本はノーベル賞で盛りあがったが、偉大な研究はもちろん、まだまだほかにもある。本書が紹介する「イグ・ノーベル賞」は、「世間を笑わせ、考えさせた」研究に贈られる賞だ。

これまで受賞した研究に共通するのは、日常の些細な疑問や現象を見過ごさず、それを真剣に解き明かした点だ。たとえば、「へそのゴマに関する統計的調査」「なぜ、ひとは黒板を引っかく音が嫌いなのか」「ジッパーにペニスをはさまれたときの適切な対処法」（これは些細な現象ではなく、真に窮状だが）など。へそのゴマは、衣服と腹毛や肌との摩擦によって、へそに運ばれるものらしい。そ、そうだったのか！

感じた「なぜ？」を追求するところから、新しい世界は広がる。本書を読んで、笑えて楽しい「イグ・ノーベル賞」の受賞を、ぜひ目指そうではないか。

「異質」の流入拒まぬ気風
――『オオクボ　都市の力』稲葉《いなば》佳子《よしこ》・著（学芸出版社）

新宿区大久保は、なんの変哲もない商店街と住宅街だった。ところが二十年弱のあいだに、活気ある一大多国籍街に変貌《へんぼう》した。

なぜ大久保は短期間で変化し、現在も変化しつづけるパワーを秘めているのか。本書は、ひとつの町を定点観測した記録だ。

私が大久保にたまに遊びにいっていたのは十年ほどまえで、当時からハングルの看板が多いなとは思っていたが、現在では「韓流ブーム」によって、おばさまたちも買い物や食事に訪れるらしい。もちろん韓国ばかりではなく、中国・台湾・タイ・ミャンマーなど、各国の料理屋さんが出店し、人種も国籍も宗教もちがう人々が「共生」している。

大久保は新宿の繁華街から徒歩圏内だ。家賃の安い、古いアパートもたくさんあった。そのため、歌舞伎町で働く外国人や留学生が自然に集まるようになり、大久保の多国籍化がはじまったらしい。また、そもそも大久保は江戸時代のはじめに、主君の江戸移住に伴い、よそから引っ越してきた下級武士の町として成立した。大久保は最初から「移民」の町だったし、住民の出入りが激しい「都市の周縁部」の町だった。その土壌が、適度に個人主義で、「異質なもの」の流入を拒まない気風を育てたようだ。

生活習慣のちがいによるトラブルも皆無ではないが、それはどこの町であっても、隣人がだれであっても、起こり得ることだ。以前から住んでいた日本人も、いまや隣人が外国人であるのを「当たり前」と受け止めるようになった。

たくましい「生活」の魅力と発展の形が大久保にはある。町をつくるのは「都市計画」などではなく、そこに住む人間のパワーにほかならないのだと、本書に掲載された多数の写真がものがたっている。どの店の看板も装飾過剰気味です！　眺めるだけでワクワクする。東京観光の際には、ぜひ大久保にも行ってみよう。そう思わされる本だ。

『密やかな教育〈やおい・ボーイズラブ〉前史』石田美紀《いしだみき》・著（洛北出版）

主に女性の作者による、主に女性の読者のための「男性同士の性愛物語」を描いた漫画や小説は、現在「ボーイズラブ」というひとつのジャンルを築いている。愛読者も相当数いるが、作品をほとんど読まずに見当違いな（と私には思える）批評をするひともいる。

そういう現状のなかで、本書はきわめて有意義な評論だ。「女性がつくり楽しむ男性同士の性愛物語」は、ボーイズラブから突然はじまったのではない。それ以前には少女漫画家や雑誌「ＪＵＮＥ」の、試行錯誤と質の高い作品があった。先行の文学や映画を取り入れながら、独自の美と表現を指向する熱い思いがあった。

「三島（由紀夫）の死以降、『男が男の体で政治を語る』姿勢が奇妙奇天烈《きてれつ》な振る舞いとなってしまった」という著者の指摘は、とても重要だろう。一九七〇年あたりを境にして、男性が男性身体を表立って賛美することは少なくなり、かわりに「男性同士の性愛物語」を女性が表現しはじめた。その流れは、いまもつづいている。本書は、竹宮惠子《たけみやけいこ》や栗本《くりもと》薫《かおる》の作品を丁寧に分析し、「男性身体へのエロティックな関心を積極的に肯定」することの意味や、彼女たちが抱いている信念を浮き彫りにする。

竹宮惠子、少女漫画黄金期を築いた漫画家に大きな影響を与えた増山法恵《ますやまのりえ》、「JUNE」編集長だった佐川俊彦《さがわとしひこ》へのインタビューは、現在のボーイズラブとそれ以前の作品との相違を示唆し、当時の状況と実作者たちの思いを知ることができる、非常に貴重な証言だ。

女性による女性のための「男性同士の性愛物語」は、もっと作品本位の正当な批評がなされるべき質と歴史を持っているし、いずれは性別に関係なく作者や読者が広がるだろう可能性を秘めている。社会と文化と人間を考えるうえでも、無視したり無用に見下したりしていいジャンルでは決してない。本書のように誠実な研究が、今後ますます増えることを心から願う。

『数字のモノサシ』寄藤《よりふじ》文平《ぶんぺい》・著（大和書房）

「三億円当たる！」と言われても、「五千平方メートルの豪邸！」があったとしても、いまいちピンとこない。身の丈を超えた数字は、どうしても具体的に想像できず、無機質に感じられてしまいがちだ。

そんな数の世界を、楽しいイラストで案内してくれるのが本書だ。「十億」と字で書くのは簡単だけれど、はたして絵で表現したらどうなるか。また、既存の単位では満足できないので、新しい単位を独自に考案してみる（たとえば、「昇進力」を表す単位は「Ｓｍａ《シマ》」。単位の名称はもちろん、すごい昇進ぶりを見せる島耕作《しまこうさく》から取った）。などなど、著者の試みは大いに笑える。

的確に視覚表現することで、とらえどころのない「数」を、読者の実感と身体感覚の範囲内に引き寄せてくれる。数をイメージすることは、見知らぬだれかについて想像するための大切な一歩なのだと、深く納得した。

方言の奥深さを実感

――『ＣＤブック　走《は》っけろメロス』太宰治《だざいおさむ》・著／鎌田紳爾《かまたしんじ》・津軽語翻訳、朗読（未知谷）

『走れメロス』と『魚服記《ぎょふくき》』を、作者である太宰治の故郷、津軽の言葉に翻訳した本。原文との対訳形式で、津軽出身者以外にも親切設計。津軽語による朗読ＣＤもついています！

津軽語版『走れメロス』を文字で読むだけでも、作品から新鮮なリズムが感じられる。たとえば、「見事《みごど》、対岸の樹木《じゅもぐ》の幹さ、たもぢがる事《ごど》、出来《でぎ》だのせ。ありがて（原文：見事、対岸の樹木の幹に、すがりつくことができたのである。ありがたい）」とか、「いまだって、汝《な》は我《わ》ごと無心ね待ってらぴょん（原文：いまだつて、君は私を無心に待ってゐるだらう）」とか。

さらに朗読ＣＤを聞くと、文字化することのできない津軽語の発音がたくさんあり、それがなんとも言えぬ奥行きと抑揚を生んでいることに気づく。私はメロスを自分勝手な男だと思ってきたのだが、朗読のうまさと津軽語のチャームにすっかりやられ、「メロスってヘタレだけど、いい男だな！」と、今回認識を改めた。

津軽語翻訳という試みを通して、本書は重要な問題提起をしている。「小説と方言」についてだ。現在、日本の小説の多くは共通語（「東京の山の手言葉」と言っていいだろう）で書かれる。だが、それは作者のネイティブな言語ではない場合もある。かといって、方言を忠実に文字化しても、その土地の出身者以外には意味が通じない可能性が高い。文字で表現するしかない小説は、多様な方言をどこまで取り入れて作品に豊饒をもたらし、「共通語」という一元化と中央主義に抵抗すればいいだろうか。もうひとつ、文字表現からはこぼれ落ちていく発音のニュアンス（それこそがまさに、「感情」を表現する重要な部分のはずだ）に、どうやって敏感でいるべきだろうか。

土地ごと、ひとごとに、肉体に染みついた言葉がある。だからこそ言語表現は奥深く豊かなのだと、大切な事実を形にしてくれた本だ。

愛と観察眼が炸裂《さくれつ》

――『猫座の女の生活と意見』浅生《あさお》ハルミン・著（晶文社）

本書の著者は、「もし生まれ変われるのなら猫ではなく、猫の舌に毎日舐《な》められる猫のごはんの皿になりたい」というほどの猫好きである。猫のごはんの皿！

このエッセイ集では、猫やこけしや古本などについて、著者の愛と観察眼が静かに炸裂していて、読者は思わず自問自答せずにはいられない。私はこれまで、かくまで深くなにかを愛したことがあっただろうか（いや、ない）、と。

少女時代から現在までつづく、俳優・藤竜也《ふじたつや》氏への愛を表明するくだりなど、絶好調を通り越してほとんど絶頂に達している感がある。私はこれまで（以下略）。

著者が愛するものは、（猫や藤竜也氏は別として）世間が想像する「女子の好むもの」とはちょっとちがうことが多い。こけしと古本を集める女性って、現代ではやっぱり少数派だと思うのだ。だが、「私はひととちがう」と気取る気配は微塵《みじん》もない。愛好者だけの世界にはまりこむこともしない。「これが好きだなあ」と思いつつ、淡々かつ飄々《ひょうひょう》と日常を生きている。

著者の「人生の選択」は、トイレでおしっこするときに、音消しの水を流さないと決めたことである。しかも、「水がもったいない」などといったエコ的理由では全然ない。私も常に、「おしっこの水音を水音で消す」という行為に大いなる欺瞞《ぎまん》と矛盾を覚え、どうすべきか悩んでいたのだが、笑いとともに決めました。音消ししない、と。「私は音消しなんかしないよ」という諸氏。ぜひ本書を読んでみていただきたい。その結果どういう事態が引き起こされるかについても、ちゃんと書いてある。ぶるぶる。

一見、日だまりで猫とのんびり昼寝しているようでいて、本書には胆力《たんりょく》がある。著者は、ひとの心の機微や陰の部分を決して見逃してはいない。本書に収録された鋭く本質を突くブックレビューが、それを証明している。だからこそ、読者に笑いと自問自答を呼び起こすのだ。

若き日の失敗談満載

――『なほになほなほ　私の履歴書』竹本住大夫《たけもとすみたゆう》・著（日本経済新聞出版社）

文楽（人形浄瑠璃）を聴きにいったことがない、というかたもおられるだろう。伝統芸能なんて難しそうだし……、と尻込みされる気持ちもわかる。しかし、聴かないまま生きるのはもったいない（と私は思う）ほど、とても楽しく奥深い芸能なのだ。機会があったらぜひ、劇場で生の文楽に触れてみていただきたい。

いきなり劇場へ行くのは不安だ、というかたは、まずは読書を通して文楽に触れてみるのはいかがだろう。文楽の芸人さんの人柄を知れば、親しみが湧いてくるはずだ。本書は、七世竹本住大夫の自伝エッセイ。当代最高の大夫（義太夫を語るひと）と称賛される住大夫師匠だが、「ここまで書いていいのか⁉」と笑える若き日の失敗談が満載である。

戦時中に召集された住大夫師匠は、犬や猫すら苦手なのに、よりによって馬を世話する係を割り振られてしまった。馬との必死の攻防が繰り広げられるさまが、柔らかな大阪弁で綴られる。文楽と大阪弁は、切っても切れない関係にある。語りのプロは、文章を書いてもリズム感がいい。話題に愉快なオチがつくのは、文楽の特徴ではなく、住大夫師匠のキャラクターによるところ大のような気もするが。

奥さんとの攻防も熾烈《しれつ》を極める。住大夫師匠が芸者さんからもらったネクタイは、一本はハサミでちょんぎられ、一本は買い物袋の手提げ部分に変身した。対奥さん戦ではどうやら、住大夫師匠は大敗を喫してばかりのようである。

もちろん、貴重な芸談も目白押し。師匠や先輩にどんな稽古《けいこ》をつけてもらったか。仲間といかに研鑽《けんさん》を積んでいまがあるか。「死んでも稽古、死んでからも稽古」と住大夫師匠は言う。

人生のすべてを捧げ、すべてを賭けて打ちこんでも惜しくない。一人の人間にそう思わせ、実行させるだけの魅力を持った文楽とはなんなのか。本書を読むと、その謎を解き明かすべく、むらむらと劇場へ行きたくなってくる。

四章

読まずにわかる『東海道四谷怪談』

第一夜　幕末迫る一八二五年に初演

鶴屋《つるや》南北《なんぼく》が書いた『東海道四谷怪談』は、文政八年（一八二五年）に江戸の中村座ではじめて上演され、いまに至るまで、舞台を見る私たちを楽しませつづけている作品だ。

一八二五年といえば、いまから百八十四年まえ。つまり今年（二〇〇九年）は、『四谷怪談』誕生百八十周年でも百八十五周年でもない。こんな中途半端な年に『四谷怪談』を取りあげてしまって恐縮なのだが、この作品、戯曲として文字で読んでもとてもおもしろい。

不況で生活が苦しいさま、凶悪な犯罪が次々と起こる世相、それでもたくましく生きる人々の日常が活写されていて、現代に通じるものがある。というより、時代が変わっても人間の心理は変わらないのだなと、知らしめてくれる。

では、『四谷怪談』が初演された一八二五年とは、どんな年だったのか。高校時代に使っていた参考書、『詳説日本史研究』（笠原一男《かさはらかずお》、山川出版社）を引っぱりだしてちょっと調べてみた。それによると、幕府が「異国船打払令」を出している。幕府的にはあくまで鎖国していたかったのだろうが、ペリーの来航は一八五三年、大政奉還は一八六七年だ。ちなみに、勝海舟は一八二三年、西郷隆盛は一八二七年、坂本龍馬は一八三五年に生まれている。

ということは、『四谷怪談』初演当時には二歳児だったり母親の子宮内にすら影も形もなかったりした子どもたちが成長しておっさんになるころ、江戸幕府は終焉《しゅうえん》を迎えたことになる。

いまの私たちが、経済や政治や日常に漠然とした不安を感じつつ、現状の社会の仕組みが根底から覆《くつがえ》されることはなかろうと信じているように、『四谷怪談』を初演時に見た観客も、江戸幕府に対して漠とした不安や不満は抱きつつも、まさか明治時代が到来し、武士がちょんまげを切る社会になろうとは、本気で予想してはいなかっただろう。

劇は時代を映す鏡だ。激変期を目前に控え、しかし多くのひとが、「なんとなくこのまま日常はつづくんだろうな」と思っていたところ。血なまぐさくも充溢《じゅういつ》したエネルギーを秘めて、『東海道四谷怪談』の幕は開いた。

第二夜　伊《い》右《え》衛門《もん》　悪の魅力

『仮名《かな》手本《でほん》忠臣蔵《ちゅうしんぐら》』を少し知っておくと、『東海道四谷怪談』をより楽しめる。

『忠臣蔵』は、「赤穂浪士《あこうろうし》が吉良《きら》邸に討ち入りし、主君・浅野《あさの》内匠頭《たくみのかみ》の仇《かたき》を取る」という、史実に基づいたストーリーだ。いま読むと、「忠義一本槍《いっぽんやり》な生きかた（＝武家社会）への多大なる疑念がこめられている」と解釈することも可能な物語なのだが、まあ、古臭く大時代な話だと感じるひともいるだろう。

なんで、自分の生活や命を犠牲にしてまで、バカ殿のために仇を討たねばならんのだ、と。

『四谷怪談』は『忠臣蔵』のパロディー、「忠臣にはなれなかった（なりたいなんて毛一筋も思わなかった）」人々の話である。『四谷怪談』の作者・鶴屋南北は明らかに、「主君のために命をかけて仇討ちするなんて、古い。時代遅れだ」と考えていたと見受けられる。

それも当然だろう。『仮名手本忠臣蔵』の初演は、寛延元年（一七四八年）。『東海道四谷怪談』よりも、七十七年もまえにできた作品なのだ。いま（二〇〇九年）から七十七年まえといったら、一九三二年（昭和七年）だ。昭和七年の感覚で、たとえば「髪の毛を茶色く染めるなんてとんでもない！」と言ったところで、現在の若者は当然聞く耳を持たない。習慣や常識や価値観は、わずか数十年で大きく変動する。

鶴屋南北が『四谷怪談』を書いたころ、『忠臣蔵』はおおかたのひとにとって、「古くて、リアルじゃない」話になってしまっていた。いまどき、大真面目に主君の仇討ちをする頓狂なやつなんていないぜ、というわけだ。

では、鶴屋南北はどうやって、新しい時代にふさわしい劇を作ったか。『四谷怪談』の主人公・民谷《たみや》伊右衛門を、ニヒルで血も涙もなく、ちょっとモテるからといってすぐいい気になり、主君の仇討ちなどそっちのけだが、金と出世のためなら何人殺そうと屁《へ》とも思わないような人物として設定したのである。

伊右衛門は、はっきり言って最低最悪の性格だ。できればお近づきになりたくない。しかし、彼の欲望と破滅の軌跡は、抗しがたい悪の魅力を放ってもいる。

第三夜　ワルが際立つ名台詞《めいぜりふ》

『東海道四谷怪談』の主人公・民谷伊右衛門は浪人だ。伊右衛門が仕えていた塩冶《えんや》家の殿さまは、殿中で高野《こうの》氏に切りかかった咎《とが》で切腹、お家は取りつぶしになった。そのため、伊右衛門は職を失ってしまったのである。世間では、塩冶家の浪人たちが主君の遺恨を晴らすため、高野家に討ち入りする準備を進めている、ともっぱらの噂だ。観客はここで、「ははぁん」と思う。「この劇は、『忠臣蔵』の設定を借りて進行する話なのだな」と。

江戸時代には、実際の事件や実在の人物を、劇でそのまま取りあげることが許されていなかった。逆に言うと、人物や団体の名称をちょっと変えれば、なにを上演しても基本的にはお目こぼしされた。このへんが、江戸時代人のおおらかというかいいかげんなところである。

劇中で「塩冶家」といえば「赤穂藩の浅野家」、「高野氏」といえば「高家《こうけ》筆頭吉良上野介《こうづけのすけ》」のことだ、という「お約束」がある。そこで観客は、「そうか、伊右衛門は赤穂藩の浪人なのだな」と了解する。史実では、赤穂浪士は見事に主君の仇を討ったわけだが、さて、我らが伊右衛門はどうだろうか。

残念ながら、伊右衛門さんは仇討ちにはまったく興味がなく、かわりに無辜《むこ》の人間を殺しまくる。

伊右衛門は悪人エピソードに事欠かない男なのだが、有名なのは、「首が飛んでも動いてみせるわ」と言い放つシーンだろう。この直前にも、伊右衛門は背後から女に忍び寄り、川に蹴《け》落として殺害している。「おまえはいったい、何人殺すつもりだ！」と観客が驚きあきれた瞬間に、悪びれたふうもなく「首が飛んでも動いてみせるわ」！　ぶるぶる、すごいワルだ。

しかしこの台詞、実は初演当時の台本には書かれていない。上演を重ねるなかで、「伊右衛門の悪逆非道ぶりを、もっと際立たせる台詞はないものか」と、役者さんたちが考案していった台詞なのだろう。

『四谷怪談』の上演を通して、多くのひとが、人間の心にひそむ「悪」とはなんなのかを考えつづけたからこそ、伊右衛門は暗黒の名台詞を発するようになったのだ。

第四夜　東海道沿いにない舞台

『東海道四谷怪談』といえば、お岩《いわ》さんの幽霊が思い浮かぶ。

お岩さんは産後の肥立ちが悪く、寝こんでいる。伊右衛門は妻のお岩さんと生まれたばかりの子どもを捨て、お梅《うめ》と再婚しようと画策する。お梅は、高野家の家臣・伊藤喜兵衛《いとうきへえ》の孫だ。高野家は伊右衛門の主君の仇だが、伊右衛門はそんなことは気にしない。お梅と結婚すれば、若い妻と出世の両方が手に入るからだ。

それを知ったお岩さんは絶望のうちに死に、伊右衛門を恨んで化けて出るようになる。『四谷怪談』は、「四谷左門町のお岩という女が、幽霊になって夫の伊右衛門に祟《たた》った」という伝説を踏まえて作られた作品だ。とはいえ、「実在の人物を劇にしてはいけない」という決まりがあったので、劇中では伊右衛門のおうちは、四谷左門町（現在の東京都新宿区。ＪＲ四ツ谷駅近く）ではなく、「雑司ヶ谷（東京都豊島区）の四谷町」にある、ということになっている。ただ観客は、「これは、四谷左門町のお岩さんの伝説をもとにした劇なんだな」と、すぐにわかったはずだ。

しかし問題は、雑司ヶ谷はもちろんのこと、四谷左門町のあるＪＲ四ツ谷駅近辺も、ぜんっぜん「東海道」じゃないという点だ。ＪＲ四ツ谷駅が面しているのは、東海道ではなく甲州街道である。正確を期するのならば、『甲州街道四谷怪談』とすべきところだ。なんで東海道じゃないのに、『東海道四谷怪談』？

これについては研究者も頭を悩ませてきたようで、諸説ある。憚《はばか》りながら、私の説は以下の二つだ。

一、作者の鶴屋南北が極度の方向音痴で、江戸の地理をあまり把握できていなかったため、「四谷って東海道沿いだよな」と思いこんでいた。

二、作者の鶴屋南北が細かいことを気にしない性格で、「『甲州街道四谷怪談』じゃ語呂《ごろ》が悪いから、東海道にしちゃおうぜ」と、なんとなくノリでタイトルを決めた。

はたしてどっちだ。どっちでもない気がする。私の説は本気になさらず、興味がおありのかたはぜひ、研究者の諸説を調べてみてください。

第五夜　愛だけでいいなら楽

　このへんで、参考文献を紹介しておこう。入手しやすいのは、河竹繁俊《かわたけしげとし》が校訂した岩波文庫か、郡司正勝《ぐんじまさかつ》が校注をつけた『新潮日本古典集成』（新潮社）だろう。特に後者は、文字も大きめで読みやすく、注がすごく豊富で丁寧です。

『東海道四谷怪談』を読むと、どの登場人物も一言では説明できない、複雑で奥行きのある性格をしていることに驚く。劇中の「登場人物」ではなく、まさに「人間」そのものといった感じだ。

　たとえば、お岩と伊右衛門。この二人は祟ったり祟られたりする仲だが、もともとは親の反対をよそに一緒になった、ラブラブの夫婦だった。しかし、愛だけが二人を結びつけていたのかというと、そうとも言いきれない。

　お岩の父親は、何者かに惨殺された。お岩は伊右衛門に、父の仇を取ってほしいと願っている（真犯人は伊右衛門なのだが、お岩はそうとは知らない）。そのため、伊右衛門に邪険にされても、しつこく夫婦でいつづけようとする。

では、なぜ惚れあって結婚したお岩を、伊右衛門は邪険にするのか。妊娠・出産したお岩が所帯じみて容色も衰えたため、「鬱陶《うっとう》しいなあ」と感じるようになったからだろう。

妻の妊娠中に浮気したというひとは、現実でもたくさんいる。愛だけを理由に結婚したひとは見たことがない。相手の容姿や経済力や甲斐性《かいしょう》といった、愛以外の要素が絡んではじめて、「特別にだれかを選ぶ」という行為が可能になる。「そんなことはない。愛があればそれで充分だ」と言えるひとは、ものすごくモテ人生でこれまで愛を拒まれたことがないか、ものすごくお気楽か、どちらかではないか。

愛だけでいいなら、タダだから楽なんだよ！　金や努力がないと愛は通じないし持続もしないんだよ（やさぐれ）！　残念ながら、人間とは打算と移り気と肉欲の生き物なのである。

そんな残酷で救いがたい真実を、これでもかというほど突きつけてくれなくていいのになあ。『東海道四谷怪談』は、怪談だから怖いのではない。人物描写が真に迫りすぎているから怖いのだ。

第六夜　ご都合主義な「秘方の薬」

『東海道四谷怪談』というと、「醜く恐ろしい顔をした幽霊のお岩」のイメージがある。しかしお岩さんは、もとから醜く恐ろしい顔をしていたのではない。

伊藤家の娘・お梅は、お岩の夫・伊右衛門に恋をしている。お梅の祖父・喜兵衛は、お岩の顔が醜くなれば伊右衛門も愛想を尽かし、お梅と再婚するはずだと一計を案じる。そこで、伊藤家に代々伝わる「面体《めんてい》崩るゝ秘方の薬」を、「血の道の名薬」と偽って、産後の肥立ちが悪いお岩に飲ませたのだ。

それにしても、「命を奪うことなく、面体だけ崩れさせる薬」って、ものすごく需要が低そうだ。いったいなにを考えて、伊藤家の歴代当主は、そんなものをわざわざ家伝の秘薬にしたんだろう。どうせ調合するなら、「腹痛がたちまち治る薬」や「人知れず政敵を暗殺できる薬」にしておいたほうが、使い勝手がよさそうなのに。

お岩を苦しめるのにうってつけの「面体崩るゝ秘方の薬」を、伊藤家はたまたま所持していた。この設定は明らかにご都合主義だ。そこで、なぜ伊藤家が「秘方の薬」を所持していたのか、納得できる理由を想像してみた。可能性として考えられるのは、「伊藤家の代々の当主は、妻に飽きが来たら薬を飲ませ、面体が崩れたのを理由に離縁して、若くて美人の後妻を迎えていた」である。

喜兵衛には現在、妻がいない。先立たれたのかな、と思っていたのだが、もしかしたら古女房の面体を薬で崩れさせ、離縁しちゃったのかもしれない。ああ、恐ろしい伊藤家！

幽霊になったお岩が伊藤家の人々を根絶やしにしてしまうため、伊右衛門は結局、お梅の婿《むこ》にはなれずじまいだ。だが、婿になっていたとしても、伊右衛門は早晩、「秘方の薬」を飲まされて、伊藤家から叩きだされたことだろう。若くてかわいいお梅が、無職でうだつのあがらない伊右衛門に対して、結婚後もずっと恋心を抱きつづけられたとは到底思えないからだ。

お梅と結婚してもしなくても地獄。お岩の心を裏切った時点で、どっちにしろ、伊右衛門の不幸と転落は決定づけられていたと言えそうだ。

第七夜　悪党とかわいげのない女

『東海道四谷怪談』には、お岩と伊右衛門以外のカップルも出てくる。人間関係が込み入っていて説明が面倒なので、「もう無視しちゃおうかな」とも思ったのだが、そういうわけにもいかないから、ここでご登場いただこう。お袖《そで》さんと直助《なおすけ》さんです。パチパチパチ(拍手)。

お袖はお岩の妹で、与茂七《よもしち》という夫がいるが、いまは生き別れ状態だ。直助は伊右衛門と一緒になって、お岩・お袖姉妹の父を殺した悪党。でも、そんなことはおくびにも出さず、ちゃっかりとお袖と結婚する。

この姉妹は、いったいどうして悪党を引き寄せてしまうんだろう。「まあ、言い寄ってくれるひとがいるだけいいじゃないか」と励ますのもさすがに憚られるほどの、超絶レベルの男運の悪さだ。

思うに、お岩とお袖の気位の高さが一因ではないか。生活が困窮しても武家の誇りを失わない気高さは、彼女たちの魅力である。しかし、「男性の自尊心をうまくくすぐるようなかわいげ」には欠けている、とも言える。

直助はお袖に振り向いてもらいたい一心で、薬売りをしてせっせとお金を貯めた。だがお袖は、「わたしが好いた心が金」と言って、一度はつっぱねてしまう。「与茂七を愛する私の心は、あんた（直助）が持ってるお金なんかで買えやしないんだ」ということだ。そりゃそうだろうけど……、もうちょっとやわらかい断りかたはないのかお袖！　こんな言いかたをされたら、必死に働いて求婚した直助としては、「なにくそ」と意地にもなるというものだ。

かわいげさえあれば、お袖はもっと幸せになれたのかもしれない。でも、かわいげってなに？　「あられしい。その調子でもっと稼いでくれたら結婚するわ」なんて、その場では適当に言って、事態を切り抜ける才覚のこと？　私に言えるかしら、そんな難しい「とっさの一言」が。

と、悶々《もんもん》と考えてしまうのだった。言い寄ってくれる男が一人もいないのに、「角の立たない断りかた」を熱心にシミュレーションするむなしさ。そろそろ実戦でかわいげを磨きたい。もう、相手は直助でもいい（切実）！

第八夜　脱力兵器　オヤジギャグ

最近、オヤジギャグについて考えている。

オヤジギャグとは、「布団がふっとんだ」に代表されるような（?）、どーしようもないギャグのことだ。中年男性（会社の上司とか父親とか）が嬉々《きき》として発する傾向にある。ぬるま湯のように害がないが、「なぜいま、それを口にする必要が?」と虚脱感に襲われることも否めない。

おじさんはたぶん、オヤジギャグを思いつくと、うれしくて言わずにはいられなくなるのだろう。その「我慢の利かなさ」に、忍び寄る加齢の影を感じる。かく言う私も、このごろオヤジギャグを言いそうになる自分をこらえるのが難しくなってきた。

先日、友人が彼氏の愚痴を言うのを聞いていて、「甲斐性なくてかーいしょう（かわいそう）」というオヤジギャグが思い浮かんでしまった。寒い。「このギャグは言っちゃいけない。友人は真剣に愚痴ってるのだし、だいいち受けない」とわかってるので、唇を噛んで必死に耐えた。苦しかった。

『東海道四谷怪談』にも、オヤジギャグが散見される。たとえば、お岩・お袖姉妹の父に因縁をつけてきた男が放つ一言。「行きあたり、ばつたこほろぎ」。行きあたりバッタコオロギ！　虚脱。

ほかにも、直助と結婚することを、お袖がいやいやながら承諾する場面。

お袖「涙の盃《さかずき》」
お岩「三々《さんざん》くどい」
お袖・お岩（声をあわせて）「くり事ながら」

申すまでもなく、「三三九度の盃」と「さんざんくどい」の掛詞《かけことば》です。

祝言をあげようってときに、「さんざんくどい繰り言」を言われるのもいやだが、それよりもっといやなのは、花嫁がオヤジギャグを発しているという事実ではあるまいか。お岩もお袖も、まだ若いはずなのに、なんとも立派なオヤジメンタリティーの持ち主だ。夫になる直助は、この発言を聞いてがっかりの絶頂に至ったことと推測される。

ひとの心から「やる気」や「がんばり」を削《そ》ぐ、究極の兵器。それがオヤジギャグだ。案外、お袖は直助と同衾《どうきん》したくなくて、わざとオヤジギャグを言ったのかもしれない。

第九夜　食欲減退！　金貨入りお吸い物

深夜になんだかおなかがすく。しかし、こんな時間に食べたら太る。しょうがないから読書で気を紛らわせようとしたら、小説や漫画のなかに、ものすごくおいしそうな食べ物が登場する。食欲をかきたてられ、結局、夜食を作って食べてしまう。太る。

という経験をしたかたは、少なからずおられると思う。『東海道四谷怪談』は、深夜の急な食欲を撃退するのに最適です。出てくる食べ物が、総じてまずそうなのだ。夜中に「腹へった」と思ったら、最近は『四谷怪談』を読むことにしている。

出てくる食べ物の一例を挙げると、「鯛《たい》のあら煮（骨のみ）」。料理屋さんの裏手から拾ってきた残飯である。貧乏はつらい。「刺鯖《さしさば》（鯖の塩漬け）」。これなどはおいしそうだが、伊右衛門が夢のなかで、幽霊のお岩にもらったものだと思うと、途端に食べる気が失せる。腐りやすくて青光りする魚を供したお岩の真意やいかに？

一番すごいのが、伊右衛門が伊藤家で歓待されたときに出てきたお吸物。蓋《ふた》を開けると、金貨がたくさん入っている。

いまでも、金箔《きんぱく》が入った酒というのはあるが、具が金貨の吸物はやりすぎだろう。衛生的にどうかと思うし、だいいち金貨が熱を吸って、吸物が冷めるのが早くなりそうだ。冷めたら椀に指をつっこんで金貨を取れ、ということか？　吸物の汁部分はどうするんだ。飲まなきゃもったいないだろう。

テレビの時代劇などで、「お代官さまのために、長崎から取り寄せました菓子にございます」「ほう、カステイラか」、菓子の包みを破ると小判がざらざらこぼれる、というのをたまに見かけるが、「賄賂《わいろ》を食べ物に仕込む」習慣は、いつからはじまったものなのか。最初は賄賂といえば食べ物だったのが、貨幣経済の発達とともに、「食べ物には好みがあるし、いっそお金を渡して、その金で好物を買ってもらえばよい」と変化していったのか。

それにしたって、金を食べ物に擬態させなくてもいいのに、と思う。「そのものずばり、現金の賄賂をあげちゃう俺」の照れ隠しかな。奥ゆかしい。

第十夜　生活臭と怒り　うずまく

歌舞伎の舞台は豪華絢爛《けんらん》で、現実ではまずお目にかかれないような、立派な御殿や美しい衣装を見るのが楽しみのひとつだ。

しかし、『東海道四谷怪談』はちがう。だいたいの登場人物が貧乏なので、着物は地味だし、あばら屋に毛が生えたような家に住んでいて、「金があったらなあ」といつも考えている。なんだか、夢も希望もない感じである。

多少の誇張はあるかもしれないが、「生活に困窮し、御殿もきれいな着物も想像すらできないひとがいっぱいいた」のが、『四谷怪談』初演時の現実だったのだろう。世の中の真実から目をそらすな、と観客に畳みかけてくるような、圧倒的な生活臭と怒りに似たエネルギーを感じる。本当に困窮してるひとは、芝居小屋になんか行けないわけで、「じゃあいま、芝居をしたり見たりしてる俺やあんたは、なんなんだ。ここには来られない伊右衛門やお岩の人生を、他人事だと無視していいのか？」と、エンターテインメントの装いの下から、激しく問いかけている気がする。

伊右衛門は「工面《くめん》が悪い（金がない）」と言って、お岩の着物や蚊帳《かや》を質入れしてしまう。お岩は下着姿でいるしかないし、生まれたての赤ん坊は蚊に食われ放題だ。質入れして得た金を、生活費にあてようというならまだしも、伊右衛門は若いお梅との結婚費用が必要で、かくの如き所業に出たのである。哀れなり、お岩と赤ん坊。嗚呼、貧乏（と伊右衛門）が憎い。

壮絶なる生活の実態が垣間見られるシーンは、ほかにもある。お袖は古着屋から洗濯の仕事を請け負っているのだが、古着のなかにはなんと、焼き場の死体から剝《は》いできた着物も混じっている。なけなしの一張羅《いっちょうら》を、遺族が故人に着せることもあっただろう。それを無断で奪い、売り物にしちゃう古着屋がいるんだから、人心の荒廃ここに極まれりだ。あまりのたくましさ（ちゃっかりぶり？）に、呆然《ぼうぜん》とするほかない。

江戸時代にタイムスリップしても、生き抜く自信は皆無だ。現代でも貧困や不平等の問題は解消していないが、それでも人類は知恵を出しあい、少しずつ進歩中だと信じたい。

第十一夜　穏やかで平和「於岩稲荷《おいわいなり》」

実は私、『東海道四谷怪談』について書くと決まったとき、「於岩稲荷」にお参りに行ってきたのだ。「お岩さんの祟りが怖かったんだな。小心者め」と笑われたらどうしよう、って思うと、いままで言いだせなかった。昨日も丸一日、だれとも会話しなかったような生活なのに、いったいだれに笑われるってんだ。

「於岩稲荷」は、東京・四谷警察署の裏手あたりにある。静かな住宅街のなかの、小さな神社だ。「お岩さんの幽霊」や「祟り」といった、怖いイメージはまったくない。『四谷怪談』はあくまで創作なので、当然だ。

「於岩稲荷」は、町に自然に溶けこみ、近隣住民にも愛されていそうな気配を漂わせながら、赤い幟《のぼり》をはためかせていた。お近くに行くことがあったら、ぜひ寄ってみてはいかがだろうか。『四谷怪談』のおどろおどろしいムードとはかけ離れた、穏やかで平和な日常の風景に出会えます。

それにしても、劇の力はすごい。『四谷怪談』は、虚実を巧みに取り混ぜて、異様な引力を持つ異次元の世界を作りあげてしまった。そこで描かれたストーリーとイメージは、初演から百八十四年経ったいまや、事実そのものであるかのように、私たちのあいだに定着している。実在した田宮《たみや》家のお岩さんがどんなひとだったのかとは関係なく、「お岩」と言ったら「怖い幽霊で、祟る」イメージなのだ。

確固たるイメージを築くに至った原因の第一は、もちろん、『四谷怪談』を繰り返し上演し、練りあげてきた歌舞伎の底力だろう。そんな歌舞伎の引力、役者さんたちの熱演を、うまく表現した漫画がある。

『かぶく者』(デビッド・宮原《みやはら》・原作/たなか亜希夫《あきお》・漫画、講談社、全八巻)だ。「さすがに現実でやったら死ぬだろう」というような、過激な稽古法も出てくるのだが、舞台の迫力や、芸にかける役者の凄みが、画面に充満している。特に、五巻以降の「東海道四谷怪談編」は素晴らしく、芸と芸がぶつかりあってすさまじい舞台が現出するさまを見事に描きだす。

忙しくて劇場へ行けない、とお嘆きのかたは、まずは漫画で歌舞伎を体験してみるのもいいかもしれない。

第十二夜　哀しくむなしいラスト

駆け足で『東海道四谷怪談』を眺めてきたが、はたしてラストシーンはどんなものかというと、お岩の夫・伊右衛門と与茂七の立ちまわりだ。

与茂七ってだれじゃい、と思うかたもいらっしゃるだろう。人間関係が複雑すぎるのであまり紹介しなかったのだが、お岩の妹のお袖の、生き別れになっていた夫です。

与茂七は、妻の姉であるお岩の仇を討つため、伊右衛門のまえに現れる。与茂七が伊右衛門にとどめを差そうと、刀を振りかざしたところで場面は静止し、見得《みえ》。幕。

『四谷怪談』の最後のセリフは、伊右衛門が放つ「おのれ与茂七」だ。伊右衛門は舞台上で永遠に、悪の魅力と、生への執着を表明しつづける。与茂七が振りかざした正義の刀は、伊右衛門の悪の気迫のまえに、凍りついたようにも見える。

『四谷怪談』は『仮名手本忠臣蔵』のパロディーなので、ラストシーンも対応するように作られている。『忠臣蔵』のラストは、主君の仇討ちをなしとげた大石内蔵助《おおいしくらのすけ》が、（たぶん満足感とともに）立ちすくむところで幕、である。しかし見ようによっては、「バカ殿のために仇討ちしたが、残ったのはむなしさだけだった」と感じているようにも受け取れる。『四谷怪談』のラストは、『忠臣蔵』のラストに漂うかすかなむなしさ、忠義を至上とする武家社会への懐疑を、より深め、先鋭化したシーンだと言えるだろう。永遠に振り下ろされることのない、与茂七の刀。それは、仇討ちしても決して癒えることのない哀しみの象徴であり、伊右衛門が放つ輝きに、悪だとわかっていてもどうしても魅了されてしまう心の象徴であり、ひとの哀しみや悪や正義を希求する心やらを飲みこみ、営々とつづく、この世のすべてに対するむなしさの象徴でもある。

『四谷怪談』のラストシーンがもたらす余韻には、無情かつ無常の色が濃い。むなしい。しかし、死に向かって生きるしかないのだ。『四谷怪談』の登場人物はみな、全身でそう物語る。彼らの哀しみとむなしさと迫力が凝集《ぎょうしゅう》したラストシーンは、こだまとなって、現代を生きる私たちの胸にも強く届く。

文庫追記：この章を改めて読み返し、「『読まずにわかる』と銘打ったくせに、結局『四谷怪談』がどんなストーリーなのか、ちっともわからないつくりになっとるな」と思った。とんだ看板倒れで申し訳ない。『四谷怪談』のあらすじを私なりに説明しますと、「悪逆非道のかぎりをつくした伊右衛門が、お岩さんの幽霊をはじめとする人々によって、ついに追いつめられるまでの話」です。

でも、こうやってあらすじにすると、肝心な部分がぼろぼろこぼれ落ちてしまう。あらゆる創作物に共通して言えることではないかと思うのだが、「美や工夫や革新性は細部に宿る」がゆえではなかろうか。ストーリーのパターンなんて所詮は限られている、とも言えよう。我々が創作物に対して「感動した」とか「すごい」とか思うとき、実はストーリーではないところに胸打たれているケースが多いのではないか、という気がする。

つまりストーリーとは、伝えたいことをよりよく伝えるために、人類が知恵を絞って編みだした「おせちの重箱」のようなものではあるまいか。重箱には三段重ねとか五段重ねといったバリエーションはあれど、まあたいがいは四角い。豪華な塗りの重箱も、あえて白木で攻める重箱もあるが、まあたいがいは四角い。……いや、最近の高級おせちだと、「宇宙をイメージしたのか!?」というような球形の重箱もあるみたいだが、それでも「器」ではある。

そして、おせちにおいて肝心なのは重箱ではなく、当然ながら中身だ。重箱内部にどう仕切りを作るか、いろんなおせち料理をどう配置するか、彩りや歯ごたえの変化にどう心を配るか、そもそも和風おせちにするかフランス料理風おせちにするかなど、組みあわせも考えるべきポイントも無限大。すごいぞ、おせち!

我々は重箱を食うのではない、なかに入ったおせちの美や工夫や革新性を食い、感激するのだ！

むろん、いくらおせちに工夫を凝らしても、それが紙皿に載って供されたんじゃ興ざめですし、すぐに液漏れしたり崩壊したりするような重箱でも困るんで、やっぱりしっかりしたつくりの重箱に入れてこそなんですけどね。とはいえ、重箱はたいがい四角い！「ストーリー（重箱）のパターンは限られているが、細部（おせち）の可能性は無限大」なのだ！

……また、「なに言ってんだこいつ」って感じになってきたが、話をつづける。

歌舞伎や文楽（人形浄瑠璃）を見たり、その台本を読んだりしていると、現代の小説や映画よりも、あらすじからこぼれ落ちる部分が多いような気がする。それはたぶん、創作において、ストーリーより「語り口」を重視する手法が採られているからだと思う。語り口とは、つまるところ細部だ。

歌舞伎などの劇だけでなく、先述した小説『罪と罰』も同様の傾向にあり（書かれたのは一八六六年。日本だと明治維新直前である）、実際に読んでみると細部がめちゃくちゃおもしろかった。特に、スヴィドリガイロフという登場人物が際立っていいと私は感じたのだが、新潮文庫版、光文社古典新訳文庫版、岩波文庫版、いずれのあらすじにおいても、彼は言及されないのである！　ええー、かなり重要な役どころなのに！　と思うのだが、「主人公ラスコーリニコフ」を中心に据えてストーリーをとらえると、たしかにスヴィドリガイロフはあらすじからはこぼれ落ちるだろうなと納得だ。しかし、『罪と罰』の一番肝心でおもしろい読みどころは、「主人公がだれで、どうなるか」という、現代において一般的に重視されるストーリーの部分ではなく、こぼれ落ちる細部にこそあると思えてならない。

では、創作物がどの段階で、語り口（細部）よりストーリーに重きを置くようになったのかというと、「映画の誕生」が契機なのではないかと私は踏んでいる。だがまあ、そこについて考えだすと日が暮れるので、いまは話をさきに進めるとして、問題は『四谷怪談』だ。

本章でも触れたが、『四谷怪談』のラストは、現代の感覚からするとやや肩透かしと言えなくもない。「極悪人の伊右衛門が成敗されて大団円、って展開だろう」という予想は裏切られ、実際には伊右衛門が討たれるのかどうかはっきりさせぬまま、「以下次号！」って感じで幕。わりと淡々かつするすると終わってしまう。

『四谷怪談』のみならず、たとえば浄瑠璃の三代名作と言われる『菅原伝授手習鑑』『義経千本桜』『仮名手本忠臣蔵』も、ラストの腰砕け感がすさまじい。私は『菅原伝授手習鑑』を現代語訳したのだが（河出書房新社の『日本文学全集10』に収録されてるよ。小声でＣＭでした）、波瀾万丈《はらんばんじょう》の長い物語を訳しに訳し、迎えたラストが「悪人に雷が落ちて幕」だったので、ズコーッとなった。いや、訳すまえに何度も読みこんだので、わかってたことではあるんですけど、それにしたって「いくらなんでも、こりゃひどくねえか⁉」と精神に受ける衝撃がすごかった。

とにかく江戸時代人には、「ラストにぶちかまそうぜ！」という意識があまりないっぽい。雷が落ちてるんで、ある意味ではぶちかましてるんですけど、現代人が求めるストーリーのラストの盛りあげって、そういうことではないわけで……。

だが強調したいのは、それでも（というか、だからこそ）やっぱり、『四谷怪談』をはじめとする「語り口」重視派の作品はものすごくおもしろい、ということだ。現代の創作物は少々ストーリーに偏りすぎなのかも、と省みるきっかけにもなって、刺激的である。

長々と述べてしまったが、申しあげたかったことはひとーつ！　機会があったら、『東海道四谷怪談』に触れてみてください。劇場でご覧になっても、原文をお読みになっても、楽しいと思います。『源氏物語』を原文で読むのは至難の業だが、江戸時代の作品は現代の言葉と近いので、ニョロニョロ文字でなければ無問題！　人間観察も貧乏描写も迫真で、「まじですごいな、江戸時代人……！」と打ち震えること請けあいです。

五章

もう少しだけ、本の話

孤独と、優しさと、茶目っ気と。

――『駈込《かけこ》み訴え』太宰治《だざいおさむ》・著(新潮文庫ほか収録)

中学高校とミッション系の学校に通っていたため、週に一回「宗教」の授業があった。聖書を読んでキリストの教えに触れよう、という時間なのだが、反抗心満々の思春期だったためか、聖書に記されたキリストのエピソードには意味不明のものが多いと感じるばかりだった。

母親に暴言を吐いたり、いきなり神殿を破壊しはじめたりなど、けっこうな暴れん坊ぶりを見せるキリスト。どうにも納得がいかないと思っているころに、たまたま太宰治の『駈込み訴え』を読んだ。とても短い小説だが、迫力と、聖書を読むとツッコミたくてたまらなくなるキリストの言動にきちんとツッコミを入れる姿勢に、衝撃を受けた。

この作品は、キリストを「神の子」としては描いていない。愛と憎悪のなかを生きる「人間」としての姿を浮かびあがらせている。同時に、信仰の本質をも鋭く突く。私たちは決してキリストにはなれないからこそ、彼を敬い畏《おそ》れ愛し反発もするのだ、と。

『駈込み訴え』が口述筆記でものされた作品だと知ったとき、衝撃は倍になった。太宰治の天才をこれ以上なく証明した作品だと言えるのではないだろうか。

口述だと知って読むと、なるほど、作品の冒頭には句読点が多用されている。語り手の男が、息せききって駈けこんできたからだ。呼吸を整える暇も惜しんで、「あの人は酷《ひど》い」と訴えだしたからだ。太宰治は完全に、語り手の男と同調している。役者になっても大成したのではないかと思えるほどの、入魂の演技だ。

しかし最後まで読めば、緊密で無駄のない見事な構成によって、作品のスリルとサスペンスが支えられていることがわかる。入魂の演技をしつつも、太宰治は冷静に、まさしく「神の目」を持って、登場人物の感情と言動を支配しているのだ。

太宰治はたぶん、語り手の男に同情し共感して、『駈込み訴え』の執筆に取りかかったのだろう。だが作品を編みだす手さばきからは、「神業」としか言いようのない輝きが迸っている。語り手の男が愛し憎まずにはいられなかった、キリストが纏《まと》っていただろう輝き。だれにも十全に理解されることなく、弟子の裏切りをも受け入れた男の放つ光。

卑屈と崇高。裏切りと受容。二律背反する人間の精神を、『駈込み訴え』は表現しつくしている。太宰治の孤独と、物事を一面からだけ見るのはよそうとする優しさと、茶目っ気(ツッコミ精神)とを味わえる傑作だ。

川の流れのように

——『潤一』井上荒野《いのうえあれの》・著（マガジンハウス／新潮文庫）

『潤一』は、各話が絶妙かつ巧妙にリンクした連作短編集である。

女性たちがそれぞれ、潤一という青年との出会いと別れを語るのだが、どれだけ語られようとも、潤一はどこか得体が知れない。私は読んでいてたまに、「ホントに潤一って存在するのかな。これ、もしかしたら全部、一人の女の妄想なんじゃないかしら」などと考えては、怖くてぶるぶる震えた。

といっても、『潤一』はもちろんホラー小説ではなく、あえてカテゴライズするなら、恋愛小説である。恋愛には、「命名することのできない個人的な恐怖体験」という趣があると思うが、つかみどころのない潤一の存在は、まさに恋愛の本質を象徴している。「いまつきあってるのはどんなひと？　どこが好きなの？」と尋ねられても、どこがどうだと具体的に答えられないのが、恋というものじゃなかろうか。

潤一は水のような男だ。ある女にとっては、彼は渇きをいやすための冷たくておいしい飲料水であり、別の女にとっては、すべてを押し流してしまうほどの濁流である。潤一をぬるま湯のように心地いいと感じる女もいれば、薄氷のように油断ならないと感じる女もいる。

しかし、潤一本人は、べつになにも考えていない（ように見える）。川に意思がないのと同じように、潤一もただ流れていくだけだ。流れついたところで女と出会い、その女の望むままに姿を変えてみせる。彼はサバンナぐらい広大な優しさを持つ男であり、同時に、ツンドラぐらい凍てついた残酷さを持つ男でもある、と言えるだろう。

さて問題は、この水のごとき潤一と、なんらかの形でかかわりを持つ女性たちだ。下は十四歳から上は六十二歳まで、九人の女性たちが、それぞれの立場と思惑をもって潤一と親しくなる。

私は、「なにかを捨てたかわりに、別のなにかを得ることができた」という考えかたがあまり好きではない。それは一見、とても潔い選択であり、「そうまでしてでも、本気で得たいものがあったのだ」という強固な意志表明であるようだが、実は、非常に単純で傲慢な思考回路だと思うからだ。なにかを捨てればなにかを得られるほど、物事は簡単にできてはいない。

たとえば、「夫も子どもも捨てた」と言うとき、そのひとの表情がどれだけ苦痛に歪んでいようとも、結局は捨てたいから捨てただけのことなのだ。捨てられたほうはたまったもんじゃないし、捨てたことが、新たななにかを手に入れることとイコールで結ばれるわけでもない。捨てたら捨てたぶんだけ、拾い物があると本気で信じているのなら、ずいぶんお気楽なことだな、と思うのである。

『潤一』に登場する女性たちは、自分にとって大切なものを、潤一のために捨てたりは決してしない。かといって、自分は絶対的な安全圏を確保したまま、恋愛のおいしいところだけをつまみ食いしているわけでもない。潤一は、女たちの意志決定の契機や生活の転機にはなるけれど、彼女たちを決定的に損なったり補ったりする存在ではないのだ。彼女たちの足がしっかりと地についているからこそ、ふわふわと漂ってばかりの潤一との関係が、とても切実な実感をもって読者に迫ってくる。

九人の語り手の女性のなかで、私は特に、六十二歳のあゆ子が好きだった。よりによって最高齢の女性に感情移入することもあるまい、と自分でも思うのだが、死んだ夫に女がいたかもしれないと知って嫉妬を覚える姿が、とても哀しくチャーミングである。そんなあゆ子の心に、潤一はぬかりなくするりと入ってくる。「六十二歳の女性すら虜《とりこ》にするとは、さすが潤一」と、ニヤリとしてしまう。

語り手の女性と同化して、さまざまな姿を見せる潤一に心惹かれつつ、すべてを俯瞰《ふかん》する読者の視線で、「潤一は今度はなにをやらかしてくれるんだろう」とわくわくもできる。いままさに決壊せんとする川のほとりに住む気持ちも、それを遠い場所での出来事としてテレビで眺める気持ちも、両方同時に味わえるのが、この作品が詩情とリアリティーを兼ね備えた、非常にすぐれた恋愛小説であることの証《あかし》だと思う。

物語のなかには、いろいろな謎がちりばめられている（一番大きな謎はもちろん、潤一はいったい何者なのか、ということだろう）。解明される謎もあれば、解明への道筋がかすかな痕跡としてしか示されない謎もある。それはまさに、私たちの日常の姿だ。「あれはどういう意味だったんだろう」といくら考えても、確固とした答えが見つからない出来事は多くある。日々のあれこれに取り紛れて、そのうち、その出来事自体を忘れてしまう。

だけど、ふとした拍子にまた、解けない謎があったことを思い出すのだ。深夜、窓の下を流れる川の音に、一人でじっと耳を傾けているときなどに。

希望が生まれてくるところ
――『花宵道中《はなよいどうちゅう》』宮木《みやぎ》あや子《こ》・著（新潮社／新潮文庫）

情景を眺めるのではなく、情景のなかに生きるとは、こういうことか。『花宵道中』を読んで、そう思った。

映像を喚起する描写は、比較的容易にできる。しかし、物語のなかに自分も立っているかのように、読者に感じさせる文章はなかなか書けない。『花宵道中』は、その至難の業を軽々となしとげた小説だ。においや肌触りを、読者はまざまざと体感するだろう。

舞台は、江戸吉原の女郎屋「山田屋」だ。五篇からなる連作形式で、山田屋で生きる遊女たちと、そこを訪れる男たちの姿が描きだされる。

読者のなかで、江戸時代の遊郭に行ったことがあるものはいない。もちろん、作者だってないはずだ。にもかかわらず、私は『花宵道中』を読んで、山田屋の廊下の冷たい板を足裏で感じた。美しいぎやまんの器に入った冷やし飴《あめ》を飲んだ。そっと襖《ふすま》を開けて、暗い部屋で客をとる姉さん女郎の白い肌を見た。読書のあいだじゅう、行ったことのない江戸吉原に、私はたしかに生きていた。

「作者だってないはずだ」と書いたのは、もしかすると作者の宮木あや子さんは、ひそかにタイムマシンでも持っていて、吉原の大門を自由に出入りすることができるのかも、と思ったからだ。そんな夢想をしてしまうほど、空気と質感が生々しく読者を取り巻く。

だがなにより素晴らしいのはやはり、登場人物の内面に注がれる作者の眼差しだ。

たとえば一話目の「花宵道中」では、朝霧《あさぎり》という遊女の燃えあがる恋と哀しみのすえの選択が描かれる。彼女が選んだ凄絶な、けれど強さを秘めた結末に、私は人間の真実を見て涙した。ところが、三話目の「青花牡丹《あおはなぼたん》」において、朝霧が恋した男の心が明らかになる。思いを通じあわせた両者のあいだに、実は大きな断絶が横たわっていたことが、残酷なまでに淡々と語られていく。ひりつく痛みと虚無を、慄然《りつぜん》と感じずにはいられない。しかしそれもまたたしかに、人間の真実の一面なのである。

作中で救いが明確に描かれることはない。人間に心があるかぎり、生きても死んでも、私たちを完全に満たしうる救いなど訪れようもないからだ。だが、希望は描かれる。

登場する女性のほとんどが、貧困にあえぐ村と吉原のなかしか知らない。「外」の世界を空想するよすがすら与えられていないのだ。それでも彼女たちは希望を抱く。諦念の泥沼に沈みそうになりながら、それでも自分自身の喜びと希望を力強く胸に抱く。

彼女たちが、男性との恋に希望を見いだすのではないところが、この作品を通り一遍の「遊郭小説」とはちがうものにしている。

山田屋で寝食をともにする遊女たちだが、当然、そりの合わない相手もいれば、いたわりと信頼で結ばれた相手もいる。ふだんは反目しあう仲でも、たまに一致団結して浮気な客をとっちめたりもする。女同士の友情、嫉妬、楽しい会話、そっけないようで相手を思いやる距離感が、細やかに描かれる。遊女たちは、男との恋によってではなく、仲間の遊女とのかかわりを通して、希望を抱いていくのである。

惚れた腫《は》れたからではなく、孤独と連帯の狭間で揺れ動く人間関係のなかからこそ、希望は生まれる。ひとを生かす力は、そこから芽生える。『花宵道中』は、高らかにそう告げている小説だと私は思う。

遊女たちが主人公であるからして、『花宵道中』にはもちろん、官能的なシーンがたびたび出てくる。しかしこの官能は決して、読者を快楽に浸らせるためのものではない。むしろ、「げっへっへ」と喜んですり寄ってくる好色なおじさん（イメージ）を、冷たい刃で切りつけるような誇り高さと美が感じられる。『花宵道中』の官能は、一個の肉体と精神をもって生きる人間の、魂の咆哮なのであり、意志が発する叫びなのだ。青白い炎を宿す快感と痛みと怒りを知れ。

登場人物たちの切実で繊細で力強い心を、私は愛する。

死と食の官能
――『ピカルディの薔薇』津原泰水《つはらやすみ》・著（集英社／ちくま文庫）

死と美を描いて一番なのは、津原泰水さんの小説だと確信している。文章の冴えとキレは、月に青白く照らされた夜の道のように、読むものを透徹とした世界へ導く。しかも津原さんの小説は、軽妙なユーモアをも宿していて、そこがまた、読むたびに「好きだー！」と暑苦しく吼《ほ》えたててしまう理由のひとつである。

津原さんの小説世界のすごさと楽しさを、ギュッと凝縮した短編集が『ピカルディの薔薇』だ。死や狂気に非常に近接していながら、思わず「プッ」と笑っちゃうシーンが随所にあり、魅力的な登場人物たちが端整で美しい物語を織りなしていく。

『蘆屋《あしや》家の崩壊』（ちくま文庫ほか）で、怪奇小説家の「伯爵」とともに、さまざまな冒険を繰り広げた猿渡《さるわたり》くんが、『ピカルディの薔薇』で再びの登場だ。私は猿渡くんが大変好きだ。ずうずうしいのに気が弱く、すぐに飲んだくれる。とても他人とは思えない。それで、『ピカルディの薔薇』に収められた不思議な話の数々を、「待ってました、猿渡くん！」と、むさぼり読んだ（もちろん、『蘆屋家の崩壊』を未読でも、なにも問題ない）。

「食べる」という行為に注目して読むと、この短編集の特異な魅力が明確になる気がする。描かれる「食」にまつわるシーンはすべて、喜びとともに不吉な蠢《うごめ》きを秘めている。生命を維持するためになにかを口にするとは、すなわち、なにかの肉体や死骸を食べていることにほかならない。

愛を感受する脳も、痛みを覚える皮膚も、「死」をエネルギーに変えることによって構成され、稼働する。「死」の摂取を拒絶し、自らが死骸にならないかぎり、私たちは決して愛や痛みから逃れることはかなわない。

その冷然たる事実が、『ピカルディの薔薇』では話ごとに、さまざまに形を変えて語られる。ものを食べる生者のもとに、死骸となったはずのものたちはゆらりと立ち現れてくる。喜びと不吉とをともなって。

生と死、愛と痛み、彼岸《ひがん》と此岸《しがん》のあいだにある薄い膜が、ゆるやかに溶けていく。その瞬間のなまなましい感覚が、『ピカルディの薔薇』には充満している。私たちが日常を送りながら、ふとしたときに感じるずれ。死に向かうために、自分以外の死を食いつづけるという滑稽で残酷な矛盾から生じる違和感の正体が、物語のなかから顔を覗かせている。

その甘美と恐怖を読むことは、自分の死骸を食べるように刺激的な行為だ。

これだけは決して体験できないだろうな、と思っていた出来事。想像することすら、うまくできなかった感覚。津原さんは常にそれらを、硬質な輝きを放つ物語にして、私たちにそっと差しだす。

おぞましくも甘い腐臭。なつかしい花の香り。異国の乾いた風のにおい。立ちのぼる気配はバラエティーに富み、小説を読む愉《たの》しみとはいかなるものかを知らしめてくれる。

石ならぬ中島敦《なかじまあつし》

中島敦の作品と出会ったのは、教科書に載っていた『山月記』（岩波文庫ほか収録）がきっかけだ。出だしから難しい漢字と見慣れぬ熟語の連続で、決してとっつきのいい話とは思えぬが、仲間内では大好評の一作だった。

「なんでこれ、教科書に載ってんだろ」

というのが、私たちの疑問であった。

教科書が推奨する「読み筋」としては、「自尊心と孤独について。また、それゆえの挫折と悲哀について」といったところだった覚えがあるが、当然、私たちはそうは読まなかった。年若く、経験も乏しかったから、自尊心がもたらす功罪も、本格的な挫折や悲哀も、ひとにつきまとう孤独も、あまりピンとこなかったのかもしれない。いま『山月記』を読めば、教科書の提示した「読み筋」に沿った形で、「なるほど、そういう話でもあるな」と理性ではわかる。

理性では、というのが曲者《くせもの》で、『山月記』に対する本質的な感想は、実は初読のときか

ら変わっていない。この作品への仲間内での評価は、一言で言うと、

「変な話！」

だった。

まず、虎になるのが変だ。叢《くさむら》に隠れた虎がしゃべるのを聞いて、即座に旧友の声だと思い当たるのも変だ。しかしそれを言うなら、虎が漢詩を詠むのも、虎に妻子の面倒を頼まれて二つ返事で引き受けるのも、とにかくもう、なにからなにまで変だ。

高校生だった私たちは笑い転げ、「すごい小説だ」と語りあった。文章は硬質で隙がないのに、内容がブッ飛びまくっている。こんな肌合いの小説は読んだことがない、と思った。虎になった李徴《りちょう》と、その友人の袁傪《えんさん》が、以前にいったいどんな友誼《ゆうぎ》を結んでいたのか。役人になりたての若かりしころ、一緒になにを見、なにを感じたのか。私たちは飽かず行間を読みこみ、空想した。

中島敦が一時期、私が通っていた学校のすぐ近くにある女子校で先生をしていたことも、興味を引かれる一因だった。では中島敦も、この石段を登ったのだろうか。この丘を散策することもあったのだろうか。中島敦が急に身近に感じられてきて、私は学校図書館で全集を広げて拾い読みした（ハードカバーの全集だったと記憶する）。

どの話も、ブッ飛んでいておもしろかった。中国はもとより、波斯《ペルシャ》、アッシリヤ、パラオ。舞台設定は縦横無尽で、とてもリアルだ。でもどこか、夢の世界のような手触りもあ

る（ものすごく微細だったり広大だったりする部分に、突如として明確すぎるほどに焦点が合うあたりなど）。そしてすべての作品において、登場人物（妖怪なども含む）が嘆いたり憤ったりしながら、いきいきと脈動していた。

いったい中島敦とは、どんなひとなんだろう。小説を読めば読むほど、実体がつかめなくなる気がした。なにかが迸《ほとばし》っていることは感受される。「才能」という根拠も定義も曖昧なものではなく、「気迫」とでも言えるような、魂の底から激しく深く迸るなにかが。だが、彼がなにを喜びとし、なにを哀しみとして生活していたのか、個人的な体臭のようなものは、小説からは周到にかき消されていると感じた。

そんな折、ちくま文庫から『中島敦全集』（全三巻）が刊行された。近所の書店でそれを発見し、私はお年玉で購入することにした。文庫であれば、手元に置いてじっくりと読むことができる。

文庫版の全集の第一巻には、「歌稿」が収録されている。かなりの数の短歌が並んでおり、これがまた変だ。諸手を挙げて「うまい」とは言いがたい、微妙な出来だ。「仰向《あふ》けに手足ひろげて白熊の浮かぶを見ればのどかなりけり」って、動物園に遠足に行った中学生が、「記念に短歌を詠め」と国語教師から課せられて無理やりひねりだした一首みたいだ。中島敦の隙（身構えていない、生の声）を見つけた気がして、ちょっと楽しい気分になった。

だが、ぱらぱらと短歌を眺めていた私は、ある一首を読んで怖くなった。

我はもや石とならむず石となりて冷たき海を沈み行かばや

「喘息《ぜんそく》に苦しめられる夜々」に詠んだ歌だ、と文庫の解題にある。固く小さな石になって、冷たい海に沈んでいきたい。そう願うほどの苦しみと孤独とは、いったいどんなものだろう。こういう歌を詠み、小石ではなく金剛石の輝きと強さを宿す小説を書いて、若くして死んでいった中島敦は、はたして幸せだったのだろうか。もし、彼がぬくもりを知らず、それこそ李徴のように狷介《けんかい》なまま、絶望のうちに生を終えたのだとしたら、「生きる」ことも「小説を書く」ことも、ひとに残酷しかもたらさない行為だと思った。

いまになってみると、まったく傲慢な考えだ。中島敦が幸せだったか否かを云々できるほど、私自身、真に幸せを知っているわけではないのだから。まことに「お幸せ」な考えを抱いたものである。

しかしとにかく、高校生の私は、「中島敦には不幸であってほしくない」と考え、彼の生涯が不幸であったという証左にぶつかりたくない一心で、全集に収められた小説以外（書簡やエッセイ的なもの）は読まずにおくことにした。

短編をたまに読み返すぐらいで十年弱が過ぎたころ、『中島敦　父から子への南洋だより』（川村湊《かわむらみなと》・編、集英社）が刊行された。購入し、いいきっかけだと思って、おそるおそる読んでみた。

中島敦は、一九四一年（昭和十六年）から翌年にかけて、九カ月ほど南洋群島へ単身赴任している。当時、日本の植民地にされていた南の島の島民向けに、新しい教科書を作るのが仕事だった。中島敦は、この仕事にあまり乗り気ではなかった。どうも「役人にはなりたくない」と思っていたようだし、現地の島民の暮らしを見て、「日本語の教科書などを作ったって、彼らの幸せのためにはならない」と感じたようだ。それでも、横浜の女学校の教師を辞め、家計のため、喘息の転地療養のため、役人になって南の島へ赴いた。

そこから家族、特に、幼い息子の桓《たけし》に書き送ったたくさんの手紙が、『南洋だより』には収録されている。「ヤップ島でたべたバナナは　とてもおいしかつたぜ」「早く桓や格《のぼる》のところにかへりたいな」「よくべんきやうして　いい生とになるんだよ」などなど、楽しく、息子を思う内容の手紙ばかりだ。豊富な図版を見ると、中島敦の筆跡は、想像よりもずっとのびやかで、広々とした優しいものだということがわかる。

私は思いきって封印を解き、ちくま文庫版全集の「書簡」も読んでみることにした。妻のたかにも、中島敦はマメに手紙を送っている。どうやら中島敦は、たかにだけは弱い部分を見せていたらしい。たとえば、結婚まえの手紙。

「別に、僕、お前の僕に対する愛を疑ってるのではないが何だか、近頃僕、淋しくて、色々自分の将来のことなど考えると、どうもお前にこれから、難儀ばかりさせそうな気がするものだから、つい、こんなことも聞くんだ。お前も、自分自身の利害を考えるんだよ。僕、勿論、お前を愛して居るよ。それだけは信じておいで」

女々しいっちゃあ女々しいが、こんなラブレターをもらったら（特に、結婚に際して「利害を考え」ろと言うあたり、大変に誠実な態度だろう）、胸がキュンとするというものだ。しかし、愚痴や弱気を見せたかと思うと、「お前の手紙の誤字」を細かく指摘したりもするあたり（しかも、「まあ、こんなことは、どうでもいい」と書きながら、やっぱり気になっちゃって指摘する）、漢字にうるさい中島敦らしいのである。

結婚し、子どもが二人できてからも、たかへの愛と誠実は変わらなかったようだ。たとえば、南洋からの手紙。

「何時だか、お前は、おれに言《い》ったことがある。『私には、貴方が一番良く判っています』って。その時オレは『さあ、どうだかなあ！』って言ったが、それや、お前にだってオレの全部が解ってるとは思えないけれど、併し、他の誰よりもオレを判ってくれていることはタシカだね。今、ハッキリとそれを認《ミト》めるよ」

中島敦は南の島で、妻と子どもたちのことばかり考えている。彼らを心配し、愛おしく思う気持ちが、手紙からあふれている。

南洋から帰ったその年のうちに、中島敦は喘息の発作を起こし、三十三歳の若さで亡くなった。もっと生きたかったにちがいないし、妻と幼い子を残していくことに悔いがなかったはずはなかろう。彼が幸せだったのかどうかは、他者にははかりようがない。

ただ、私はいま、小説だけではなく、中島敦の残した短歌や手紙を読むことができて、よかったと思っている。彼は決して、固く小さな石ではなかった。冷たい海に投じられて、凍えながら沈んでいく石ではなかった。「石とならむず」と強く願うほどの苦しみと孤独を味わいながら、踏みとどまり、決して石にはならなかったひとなのだ。それを知ることができて、よかったと思っている。

彼を、苦しみと喜びのなかへ、血の通った人間の形へと引き留めたのは、彼が心から愛した家族や友人だった。そうだったのだということが、残されたたくさんの手紙から伝わってくる。

中島敦は、愛を知り、他者とぬくもりを分けあう喜びを知っていた。石ならぬ心と体を生涯放擲《ほうてき》することがなかったがゆえに、年月が経っても沈むことも色あせることもない作品を書けたのだ。その魂は硬質の光を放ちながら、いまも私たちの心に寄せきたる。穏やかに澄み渡った、永遠に動きやむことのない波のように。

『真綿荘の住人たち』島本理生《しまもとりお》・著（文藝春秋／文春文庫）

由緒正しい木造二階建てのアパートは、細い路地の奥にある。下宿人たちが静かに、穏やかに暮らすその場所は、まるでユートピアのようだ。薄い壁の向こうに、いつもだれかの体温が感じられる。階段を下りる足音だけで、だれがやってきたのか判別できる。笑いと、些細なすれちがいと、さりげない共感と反感が空間を満たしている。

家族とも友人とも恋人ともちがう。けれど、赤の他人とも言いきれない。ゆるやかだが濃密な関係のもと、下宿人たちは食事をし、今日も同じ屋根の下で眠りにつく。

だが、よく耳を澄ませてみろ。気配を感じ取れ。かぼそい泣き声が聞こえるだろう。だれにも届かぬまま深い暗闇のなかへ沈んでいった、必死の、悲痛な訴えが、細い音となって夜の空気に溶けている。ひそやかだが荒々しい暴力の気配、だれかを完膚《かんぷ》なきまでに叩きのめし、心と体を根こそぎひきちぎっていった暴力の気配が、廊下の隅に淀《よど》んでいるのがわかるだろう。見ないふりをするな。ここは、静かで穏やかだ。表面上は、たしかに。しかし、それに甘んじて見ないふりをすることは許されない。

下宿人たちはそれぞれ、だれかとつながろうとする。新しい一歩を踏みだそうとする。うまくいくこともあれば、いかないこともある。思いが伝わることもあれば、報われないこともある。真剣に考え、注意深く行動に移し、たまに思いあまって暴発する彼らの姿は、あなたや私の姿でもある。曲がる角がひとつちがっていたら、そうなっていたかもしれない私たちの姿。こうありたいと願いながら、なかなかたどりつけずにいる場所に、いつか到達するときの私たちの姿。深く傷つけられ、どこにも行けずにうずくまるしかない私たちの姿。

過去、未来、現在のあらゆる可能性と出来事と感情を包含《ほうがん》し、下宿人たちは笑ったり泣いたりしながら暮らしている。それを読む私もいつのまにか、アパートの一室に住んでいるかのごとき臨場感で、声を上げて笑ったりこらえきれず涙をこぼしたりしている。

失われたもの、損なわれたもの、いまだかつて一度も手にしたことがないと気づいてしまったものを、どうしたら取り戻せるのだろう。胸にあいた空虚を、嵐のようにすべてをなぎたおす暴力を、心のどこかで甘美だとすら感じ、「たくさんの月並み」に辟易し退屈し憎しみを抱いているというのに。

どうしたら、許し許され、愛し愛されることを、戸惑いなく無邪気に享受できるのだろう。

それでも下宿人たちは、おずおずと静かに手をのばす。激しさを抱えたまま、暴力と支配への欲求を殺しきれぬまま、しかしだれかを叩きのめすためではなく、だれかを強く優しく抱きしめるために。傷つけられただれかの過去と涙を、疲れきって眠りに落ちるまでぬぐいつづけてやるために。

もう、怯えなくていい。彼らもあなたも私も、これからもだれかを傷つけるだろう。残酷に、思いのままに、力を振るうことがあるだろう。だが、だれかの肩をそっと抱き寄せ、泣かなくていいと囁《ささや》く機会と希望を持っているのもまた、彼らやあなたや私なのだ。

じわじわと首を絞めあげることもできるけれど、やわらかくくるみこむこともできる。甘やかな香りを放つけれど、猛毒を含んでもいる。相反するようで根はひとつの事象と感情の渦巻くそのアパートの名を、真綿荘という。

本場・大阪で出会えた大興奮の一冊

――『文楽』入江《いりえ》泰吉《たいきち》・写真／茶谷半次郎《ちゃたにはんじろう》・文（創元社）

雑誌の取材で、大阪・天神橋筋商店街の古本屋さんをめぐったことがある。この商店街は特色を備えた古本屋さんが多く集まっており、とても楽しい場所だ。古本好きならきっと、店から店へ、棚から棚へと見てまわるうちに、恐ろしいスピードで時間が過ぎていってしまうだろう。

そのうちの一店、「ハナ書房」さんで購入したのが、『文楽』だ。

文楽に登場する、さまざまな人形の頭《かしら》。人形を遣《つか》う、吉田文五郎《よしだぶんごろう》や吉田栄三《えいざ》といった名人の姿。舞台裏の様子。収められたモノクロの写真は、眺め飽きるということがない。さらにさらに、大夫《たゆう》（豊竹山城少掾《とよたけやましろのしょうじょう》）や三味線（二世鶴澤清八《つるざわせいはち》）の貴重な芸談まで収録されていて、もう大興奮の一冊なのである！

文楽の本場・大阪で、この本にたまたま出会えたのが、またうれしかった。いまは新刊も古本も、インターネットで検索して簡単に取り寄せることができる。便利な仕組みではあるけれど、やはり、棚を眺めていて本と「目が合う」瞬間の喜びは格別だ。

見えない引力に視線が吸い寄せられ、本の背表紙と自分の眼球とのあいだに、バチバチッと電撃が走る感じ。相手が新刊ではなく古本となると、電撃の強度がなおさら上がる。「運命の出会い」って、こういうことを指すのかしら。一般的な意味での恋愛方面では、とんと味わったことのない感覚を、古本とのあいだに感受しては恍惚としてしまうのだった。

この一冊の『文楽』は、昭和二十九年に刊行されて以来、幾人かの手を渡って、いまは私の部屋にある。私が死んだら、またどこかの古本屋さんの棚に並べられ、次の持ち主との運命の出会いを待つのだろう。

いつも身近な生活のなかにあり、一人の人間の一生よりも長い時間を、たくさんのひとに大切にされ愛されながら受け継がれていく。書物の持つ力と輝きには、底知れぬものがある。

もし、世の中に新刊書店しかなく、読まなくなった本は捨てたり廃品回収に出してトイレットペーパーと交換するだけだったりしたら、私たちが過去の出来事や物語を知る機会は、格段に少なくなってしまうはずだ。そう考えると、古本屋さんというのは、過去と現在を、現在と未来を、ゆるやかに結びつける仕事なのだと言える。

時間を超えたお見合いの場を、古本屋さんは常に用意してくれている。本と客とは、古本屋において互いを見定める。両者が等しく、「好いたらしいおひと」と互いを認識すれば、めでたく「結婚」が成立し、自室での共同生活がはじまるのだ。古本屋さんに払うお金は、古本の代金ではなく（結婚相手を金で得たとは思いたくない）、実は仲人への謝礼なのである。

私がこのように思うに至ったのは、東京・町田市の古本屋、「高原書店《たかはら》」で働いていたときだ。「高原書店」の先代社長は、「どんな本でも、必ず探しているひとがいる」というのがモットーで、いわゆる「雑本（古本的には価値がないとされるもの）」も倉庫に保管しておく方針だった。結果として、「高原書店」にはジャンルを問わず膨大な数の古本が蓄積され、従業員一同はその整理に頭を悩ませてもいたのだが、いまとなっては、社長の方針は正しかったのではないかという気がする。

たとえ古書価の低い「雑本」であっても、それをずっと探していたひとにとっては、なににも替えがたい宝物だ。私は何度も、「ああ、やっと見つけた」とうれしそうに、数百円の古本を大事に買って帰るお客さんと接した。どのひとの表情も輝いていて、私もなんだかうれしかったし、ようやく運命の相手とめぐりあえた古本もうれしそうだった。

古本の価値を決めるのは、品物の新旧や、市場での評価や、古本屋側の思惑ではない。その本を「輝ける一冊」にするのは、お客さんの思い入れや記憶なのだ。お客さんが売りにきた本を見て、「うーん、雑本ばかりだな」などと思うこともあったのだが、それは私の驕《おご》りというものだろう。百年後には、大枚はたいてでも欲しいと願うひとが現れるかもしれない。あいかわらず雑本扱いのままだったとしても、最愛の恋人に対するように、そっと手に取るひとがいるかもしれない。

時間や金銭の常識を凌駕《りょうが》するなにかがあるから、古本は常に人間くさい魅力を放ち、私たちを惹きつけて離さない。

ウン○を食べる話

小学生のころ、ウン○を食べる話を読んで感銘を受けた。

平安貴族の男が、恋しい女のウン○を入手する。男は興奮して、それを食べる。美味だった。しかしそのウン○は、しつこい男に一矢報いようとした女が、芋をすって練り、甘辛のタレをつけて焼いた、偽ウン○だったのだ。

というような内容であったと記憶する。私は一年に一回ぐらいは、「あれはなんという作品だったっけ」と首をひねってきた。

平安王朝物の短編、しかも女性への恋心がやや尋常じゃない形で表明されていることから、谷崎潤一郎《たにざきじゅんいちろう》の作品だろうと、なんとなく自分を納得させていた。だが、美麗な世界を展開させる谷崎先生が、ウン○の話なんか書くだろうか？　必死に記憶を掘り返したが、どう考えても、たとえば『春琴抄』（新潮文庫ほか）にウン○を食べるエピソードを挿入するのは無理なのである。

おかしい。谷崎先生じゃないのなら、いったいだれの作品なのだ。私は先日、実家の本棚を大捜索し、ついに該当作品を見つけだした。芥川龍之介《あくたがわりゅうのすけ》の『好色』（岩波文庫ほか収録）である。そうか！　平安王朝物の短編といったら、まずは龍ちゃんを思い出してしかるべきだった！

約二十年ぶりに、ずっと気になっていた「ウン○を食べる話」を読み返せたわけだが……。肝心の偽ウン○の原材料が、私が記憶していたものとは全然ちがった。芋ではなく、香木だったのだ。ぎゃふん。

食べ物を排泄物そっくりに加工する。それをありがたがって「うまい、うまい」と食べる。そこに、くだらなさと諧謔《かいぎゃく》があるのだ、と勝手に思ってきたこの二十年はなんだったんだ。実はこっそり、「芋で作った偽ウン○を食べてみたいものだ」とまで思い詰めていたというのに……！

なんで原材料を芋だと勘違いしていたのか。たぶん『芋粥』（岩波文庫ほか収録）と混同したためだ。「ウン○を食べる話の作者は芥川龍之介」と、我が記憶はかぼそく主張していたようだ。にもかかわらず、ずっと汚名（？）を着せられていた谷崎先生、すみません。ウン○のインパクトのまえでは、作者名も霞《かす》んじゃうのです。

追記：このエッセイが雑誌に掲載された直後、複数の読者のかたから、「いや、谷崎潤一郎にも、ウン○を食べる話はありますよ」とご指摘をいただいた。

寄せられた情報をもとに、『少将滋幹《しげもと》の母』（新潮文庫ほか）を読んでみた私は、「こ、これだぁ！」と叫んだ。子どものころに読んで感銘を受けたのは、やはり谷崎潤一郎の作品だったのだ。龍ちゃんの『好色』は、記憶に残っているものよりも、どうもウン○描写があっさりしてるなと思ったんだ。

谷崎先生のウン○描写はねっちりしており、いと好ましい。しかし、偽ウン○の原材料は芋（私は勝手にサトイモだと記憶していた）ではなく、「野老《ところ》や合薫物《あわせたきもの》を甘葛《あまずら》の汁で煉り固めて、大きな筆の欛《つか》に入れて押し出したもの」だった。でも、とにかく「野老」という食べ物（芋ではある）が使用されている。

「食べ物をウン○に偽装」などという発想を、我が身が勝手に生みだしたのかと思って、「まさか俺、変態なのか……！」と震えていたのだが、そうじゃなかった。変態なのは私ではなく、やっぱり谷崎先生だった！　よかった。

いえ、もともとは『今昔物語集』（岩波文庫ほか）に収録されている話らしいので、本当に変態なのは『今昔物語集』のやつですが。ということにしておこう。

ひとの心が希求する美の輝き

――『夏の花・心願の国』原民喜《はらたみき》・著（新潮文庫ほか）

夏がめぐってくると、何年かに一度、この本を読み返す。

あえてカテゴライズすると、「原爆文学」ということになるのだろう。あまりにもすごい作品なので、読んで湧きあがった感情や思考を、自分のなかのどこに収めればいいのかわからない。ただ、ひとの心が希求する美の輝きと、ひとがひとであるかぎり逃れられないさびしさが、これらの小説にたしかに息づいていることを感受するばかりだ。

作者の生真面目さと純粋さのなせる業か、美しく強い文章から、ふとユーモアが滲《にじ》みでるところがあって、そこも好きだ。

いいなと思ったお嬢さんに、

「女の心をそんな風に美しくばかり考えるのは間違いでしょう」

と言われ、ちょっと虚を衝《つ》かれ、そのあとなんとか体勢を立て直す感じとか、たまらぬ味わいがある。

この本は読み返すたびに別の顔を見せる。私がいま思うのは、これは原爆という「特別な体験」をしたひとの作品ではなく、大きな暴力と喪失を経験してもなお、人間の真実を見据えつづけたひとの作品なのだ、ということだ。

「私は歩み去ろう　今こそ消え去って行きたいのだ／透明のなかに　永遠のかなたに」

『心願の国』に記された最後の言葉を目にするたびに、原民喜が遺していったものの大きさを思わずにはいられない。

忘却を許さず、夏の空は今年も青い。

頬が焼け濡れる津軽紀行
――『津軽』太宰治《だざいおさむ》・著（新潮文庫ほか）

『津軽』は太宰治が故郷を旅する紀行文である。土地の歴史や風景が紹介され、それらにもとても心惹かれるのだが、なによりも人物主体の内容なのがいい。

人物とはつまり、太宰治自身と、彼と旧交をあたためる友人たちのことだ。子どものころからの友人と再会し、故郷の空気に触れて、太宰治は記憶を刺激されたのだろう。特有の照れとユーモアを交えつつ、かなり率直かつ饒舌《じょうぜつ》に思い出と心情を綴っている。たまに率直すぎて、こちらの頬が赤らむ。

たとえば、こんな部分。弘前高等学校に通っていたころの思い出を、当時のことを書いた自作を引きつつ、太宰治は語る。そのころ、『め組の喧嘩』という芝居を見た太宰治は、「鳶《とび》の者の服装して、割烹《かっぽう》店の奥庭に面したお座敷で大あぐらかき、おう、ねえさん、きょうはめっぽうきれえじゃねえか、などと言ってみたく」なり、鳶職の扮装をするためのアイテム（紺の腹掛、角帯など）を着々と入手する。いまで言うコスプレだ。コスプレしたらモテるかもしれないな、へへへ、ってことだ。割烹店のねえさんはたぶん、若造が鳶のコスプレをしてきても、「くす」って感じで相手にしてくれないのではないかと思うのだが、そう指摘するのもためらわれるほどの熱意で、太宰治は嬉コスプレに向けて準備を進める。ところが、気に入った股引《ももひき》が見つからない。「少年は淋しく股引をあきらめる他《ほか》なかったのです」。

ここまで書いて太宰治は、己れの少年時代の、わけのわからぬ情熱にあきれたのだろう。「書き写しながら作者自身、すこし憂鬱《ゆううつ》になった」と言う。文庫本二ページにもわたる述懐を、頬に火がつく思いで読んできた読者（私）も、まったく同感だ。どうしてひとはときとして、コスプレ魂を燃えあがらせてしまうのか。どうして、封印したい過去のコスプレ魂を、太宰治はこんなに率直に書いてしまうのか。あと、書いた直後に「すこし憂鬱」になるのもやめてほしい。「よくあることさ。気にするなよ、治」と、（脳内で）そっと肩を抱いてやりつつも、なんかこっちが居たたまれない気持ちになる。

「んぎゃっ」と叫んで倒れ伏したいような思い出を絡めながら、太宰治の津軽珍道中はつづく。「先輩作家」の悪口は言うが、友人の悪口は決して言わない。とめどなく真情を吐露したかと思うと、「ああ、また語りすぎた」とばかりにはにかむ。故郷が「都会の残瀝《ざんれき》をすすり悪酔」して変質せぬよう、切に願っている。

『津軽』からは、太宰治が人間を、自分を、故郷を、どう感じどう考えていたのかが、とてもよく伝わってくる。たしかに自意識過剰なのだけれど、哀しく滑稽な自意識はだれの内にもあるものだ。

たとえば、こんな部分。太宰治は久々に再会した友人と、もう少し一緒にいたいと思う。しかし、その気持ちを切りだせない。「大人というものは侘《わび》しいものだ。愛し合っていても、用心して、他人行儀を守らなければならぬ」。なぜかというと、「見事に裏切られて、赤恥をかいた事が多すぎたからである。（中略）大人とは、裏切られた青年の姿である」。

これをもし、「いい年して繊細すぎる。友だちを誘いたければ、さっさとそうすればいいだけのことじゃないか」と嗤《わら》うひとがいたら、そのひとはどう見積もっても「鈍感」のそしりを免れぬのではないかと私は思うのだが、いかがだろうか。

太宰治が相当の酒好きであることがうかがわれるのも、『津軽』を好きな理由のひとつだ。作中に出てくる「リンゴ酒」を、ぜひ一度飲んでみたい。だが太宰治は、たぶん甘いのだろうリンゴ酒よりも、日本酒やビールのほうがうれしいなあと思っている。そのため、友人の家で日本酒やビールが出ると、「はしなくも生来の貪婪《どんらん》性の一端を暴露しちゃった」りもする。肴《さかな》にしようと買った一尾の鯛を、宿が五切れに寸断して調理したときは、大変な激怒ぶりだ。しかし、宿にクレームをつけた気配はない。小心というか、ひとに気をつかう性格が表れている気がする。執念深く鯛の恨みを覚えていて、ぬかりなく文章に残すところも太宰治っぽいが。

楽しい旅の終着点では、なつかしいひととの再会が語られる。ここを読むたびに、私はこみあげるものがある。こんなに美しくあたたかい情景がこの世にあっていいのか。再会の場所が運動会の行われている校庭というのが、またなんとも言えずいい。

『津軽』の最後に太宰治は、「私は虚飾を行わなかった。読者をだましはしなかった」と記している。本当にそうだ。過剰すぎる自意識も含め、そうとしか言いようのない筆致が、『津軽』をはじめとする太宰治の作品を形づくっている。だから、どれだけ時間が経っても、読者の胸を打つ。

文庫追記：その後、テレビ番組『秘密のケンミンＳＨＯＷ』で青森県が取りあげられた回を見ていて、「おおおっ」と思うことがあった。青森県民のみなさまが、「花見でシャコを食べる」と言っていたのだ。たしかに、太宰治も花見でシャコ食べてたー！『津軽』によると、太宰治は「蟹、蝦、しゃこ、何の養分にもならないような食べものばかり好きなのである」そうで、友だちと花見に行ったときも、「いやしく見られない程度に、シャコの皮をむき、蟹の脚をしゃぶり」と甲殻類を堪能している。拙者も甲殻類が大好物の身ゆえ、たぶん「いやしく見られない程度」ではないむしゃぶりつきっぷりを治は見せてしまったんだろうなと容易に推測がつくのだが、それにしても、花見にシャコ？　と疑問だった。なんの注釈もなく、当然のことのように書いてあるけど、シャコって花見に持っていくものなんだろうか、と。

そしたら『ケンミンＳＨＯＷ』のおかげで、青森県では花見にシャコはあたりまえのことなのだとわかり、すっきりした。文化や風習って本当に多様でおもしろいなと思ったし、一九四四年の作である『津軽』にあたりまえのこととして書かれている文化が、七十年以上経ってもやっぱりあたりまえのこととして行われてるんだと胸熱でもあった。

そういえば、これまた『ケンミンＳＨＯＷ』で、「青森県では茶碗蒸しに栗の甘露煮が入っている」というのを見て、「ほう」と思っていたのだが、三戸郡新郷村にある「キリストの墓」を見物に行った際に泊まった宿で、本当に茶碗蒸しに栗の甘露煮が入っており、「これかー！」と感激した。あたしは『ケンミンＳＨＯＷ』を見すぎではないだろうか、という気もすれど、栗の甘露煮入り茶碗蒸しは美味でござった。

ところで「キリストの墓」探訪記は、拙著『お友だちからお願いします』（大和書房／だいわ文庫）に収録されています。小声でＣＭでした。って、さっきからちっとも小声じゃないよ！　ＣＭ多すぎだよ！　いいのだ。わたくしは恥をかなぐり捨てる！　いやらしく見られるほどシャコをむさぼり食う！

……太宰治の含羞《がんしゅう》を見習わねばならぬ。

文章表現と物語性昇華

──『圏外へ』吉田《よしだ》篤弘《あつひろ》・著（小学館／小学館文庫）

小説が目指すべき地平がもしあるとしたら、そこへ到達するにはおおまかに言って二つのルートがあるはずだ。ひとつは、文章表現としての斬新さと限界を常に見据えつつ歩む道。もうひとつは、物語の深みとダイナミズムを追求する道。本書は、この二つが絡まりあって見事に昇華した、奇跡的な作品だ。

主人公は一応、小説を執筆中の作家（通称「カタリテ」）であるだろう。ところが物語が進むにつれ、加速度的に登場人物が増え、イメージがなだれを打ってあふれだす。現実は虚構に浸食され、異界が現実になり、ついにはカタリテすらも登場人物として物語に呑み込まれてしまう。その迫力と美しさといったらどうだ。

生と死をめぐる時空を超えた冒険を描きつつ、物語の発生、生成、終着点について徹底的に考察しつくした物語論でもあるという離れ業。目配りの利いた目次を眺め、話の区切りごとについた長い章題をつなげ読むだけでも、作者の詩的で強靭な言語感覚がうかがわれる。

たとえば、ラスト二章のタイトルはそれぞれ、「いつかどこかの国の哀れな予言者が」と「発射台に向けて波打ち際をゆっくり歩き始めた」だ。いったいどんな話が語られるのか、これだけで期待が高まる。

しかも、詩的なだけでなく全編にユーモアが漲《みなぎ》っており、たとえば登場人物の次の言。「オナラは家に帰ってトレパンに着替えてからだ。トレパンになったらもうこっちのもの。心ゆくまでするぞ。自由とはあのことだ」。万人がオナラに抱いているにちがいない切実さと解放感を、こんなに端的に言い表してくれるとは。

著者は小説の持つ可能性の極限に迫りながら、単なる方法論に堕することなく、読者の胸に迫る物語を築きあげた。小説を愛し、信じるひとの多くが、この作品に喝采を送り、この作品を踏まえて新たなる旅立ちを志すことになるだろう。

魔力帯びる街の風景
――『東京夢譚《むたんき》』鬼海弘雄《かいひろお》・著（草思社）

なにをするでもなく川面を眺めているのは、なぜか男性ばかりの気がする。先日、九州へ旅行した際にも、川べりにたたずむおじさんを見かけた。近所の住人らしく、ほとんど下着に近い軽装（のびきったTシャツと、トランクスなのか短パンなのか判断に迷う下衣）で、自転車に跨《また》がっていた。煙草でも買うために家から出てきたのだろうが、当初の目的などすっかり忘れ、川の流れに心奪われているようだ。

なにがそんなに、彼らを惹きつけるのか。川を眺めるおじさんを眺める私は、ちょっと愉快にも、なぜかさびしくも感じながら、鬼海弘雄の写真集『東京夢譚』のことを思っていた。

この本に収められた町の風景は、ふつうだったら「地味だな」と見過ごしてしまうようなものだろう。しかし、鬼海弘雄の写真からは、尋常ならざるダイナミズムと、生活者のにおいが迫ってきて、どこにでもありそうな町の風景が途端に魔力を帯びる。質感も構図もきわめてシャープで端整なのに、内部から脈動と呪縛《じゅばく》力がにじみでるようだ。あわせて収録されている本人のエッセイも、無駄のない明瞭《めいりょう》な文章にもかかわらず、読むうちに不可思議な夢のなかをさまよう心地になってくる。

モノクロの写真に、ひとはほとんど写っていない。気配だけが濃厚に漂っている。ただ、川べりにたたずむ男性の写真が、何枚かある。彼らはだいたい、無防備にレンズに背中を向けている。緊張と弛緩《しかん》がせめぎあうような後ろ姿をさらし、川面を見ている。荒々しく逆巻き、あるいは静けさのなかに不穏な力を秘めて、川は彼らのまえにある。

九州で見かけたおじさんは、『東京夢譚』をきっと食い入るように眺めるはずだ。言葉にすることができなかった自分の心が、写真になっている、と。

憑かれたように川面に見入らずにはいられない男性たちの、憔悴《しょうすい》と呑気さと不穏とを、私は愛する。

『男の絆《きずな》』前川直哉《まえかわなおや》・著（筑摩書房）

「女の絆」という言葉はあまり聞かないが、「男の絆」はあたりまえのように存在を認められている。男性同士だからこそ、篤き友情を結び、信頼しあえるのだそうだ。

しかし、それは本当なのか。「男の絆」の内実とは、どういうものなのか。明治以降の文献にあたり、「男の絆」の歴史的変遷を丁寧に解き明かした好著。

戦国武将の印象が強いのか、「日本ではかつて男色が盛んだった＝日本は同性愛に寛容だ」との言説があるが、実はまったくの誤りであり、明治時代には男色が法的に罪とされていたこと、「男の絆」という美名のもと（それはあくまで「男同士の友情」であり、性的な要素が含まれることを許さない）、そこからはみだしてしまう同性愛者や女性を社会の周縁へ追いやるシステムが形成されていることなどが、説得力をもって語られる。

恋愛は異性とするのが「ふつう」だ。恋愛を経て結婚に至るのが「多数派」だ。家事や育児は主に女の役目で、男はそれを「手伝う」ものだ。現在の日本で「常識」とされることれらのことは、「伝統的」恋愛観や家族観というわけではないのだと、著者は史料を駆使して明らかにしていく。

「常識」が人々を息苦しくさせ、だれかを排除し差別する構造を生みだしているのなら、いまを生きる私たちは、「常識」を変える努力をしなければならない。「常識を変えるなんて非常識だ」と畏れる必要はない。「常識」が時代とともに変容するものなのは、歴史が証明する事実だ。

相手が同性だったら友情を抱き、異性だったら恋愛感情を抱く。人間とはそんなに単純なものだろうか？　気持ちとはそんなにきっぱり二分できるものだろうか？　私はそうは思わない。

性別や性的指向を問わず、社会に息苦しさを覚え、しかし諦めずに希望の光を見いだしたいと願っているすべてのひとに、本書をおすすめする。

団地は現役真っ最中
――『団地の女学生』伏見《ふしみ》憲明《のりあき》・著（集英社）

桜草団地は、すでに家族の「現場」ではない。かつてはたくさんの親と子が住んでいた団地にいるのは、いまや老人とうだつの上がらない中年ばかりだ。

しかし彼らは、家族という枠組みから解き放たれ、ようやく個として心のままにふるまえるようになったとも言える。妻であり母であった女はいま、傍《はた》から見ればさびしい独居老人だ。だが、腹の足しにもならぬ同情や哀れみを誇り高くはねつけるかのごとく、その内面では奔放に、悪意や迷いや喜びを渦巻かせている。彼女は「妻」でも「母」でも「老人」でもなく、人間なのである。そのことを、作者はユーモアあふれる筆致で丁寧に描きだす。

彼女は隣人の中年男を誘って、墓参りの旅に出る。道中においても、共通する話題はない。間柄を問われたら、「団地の隣人です」と言うほかない関係だ。けれど、物語は静かにうねりながら、ほのかな光を読者に差しだす。未だ言葉では規定されていない、新たな関係性が桜草団地に芽生えていたことを。ひとはひとであるかぎり、だれかとつながりたい、かかわりたいという欲望を抑えきれぬ生き物であることを。そしてその事実こそが、人間が生きていくうえでの希望の灯火《ともしび》そのものであることを。

『団地の女学生』を読みながら、私は死んだ祖母を思い出していた。長く一人で暮らしていた祖母は、あるとき私に、「ゆうべ、母親の夢を見た」と言った。祖母の母と、私は会ったこともない。血はつながっていても、他人も同然なほど遠い存在だ。でも、祖母が何十年もまえに死んだ母親をなつかしんだとき、「ああ、そうか」と実感した。ひとはこうして、つながっていくんだなと。血縁や婚姻関係によってではない。記憶や経験を通して、それを物語ることを通して、私たちは他者や、過去や、未来と、連綿とつながっていく。

いままでに生きて死んだ、すべてのひとの物語を記録することは不可能だ。しかし、ときとしてたった一人の書き手が、普遍かつ不変な、ひとの心の様相と経験を描きだしてみせる。架空の団地で、数人の登場人物の身に起きた出来事を通して。小説という物語表現が持つ力の、不思議さと広さはここにあるのだと、『団地の女学生』は見事に証している。

本書には、同じ団地を舞台とした「爪を噛む女」も併録されている。桜草団地は、一般的な意味での家族の「現場」としての使命は終えたが、人間関係の「現場」としては、まだまだ現役真っ最中だ。そこに住むあらゆる人々と同じく。

欲望が問いかけてくるもの

――『紫式部の欲望』酒井《さかい》順子《じゅんこ》・著（集英社／集英社文庫）

門外漢でも楽しく読める『源氏物語』の解説書は、これまでにもあった。でも、作者・紫式部の「欲望」に焦点を当てたものは、めずらしいのではないか。

どんな欲望に注目しているのか、まずは目次を見てみよう。「プロデュースされたい」「モテ男を不幸にしたい」「専業主婦になりたい」「乱暴に迫られたい」などなど。これだけで、「そういえば現代にも、『○○さんにプロデュースされて芸能界デビューしたい！』って若い女の子は大勢いるなあ」とか、「同感！」とか、うなずきすぎてむちうちになりそうだ。

著者の酒井順子さんは、『源氏物語』のなかに紫式部の「欲望」を見いだし、読み解いていくのだが、私が一番「そうか」と思ったのは、「娘に幸せになってほしい」という欲望だ。

「紫式部は、母と娘を描く時、決して娘を母より不幸にはしなかったのです」

この指摘を読んで、現実においても「娘の母」だった紫式部の心情を、私はこれまであまり想像してこなかったんだなと思い知らされた。「欲望」を通して読む視点によって、紫式部がとても身近に感じられた瞬間だ。

たしかに『源氏物語』に出てくる母親は、娘の行く末を真に思いやり、細やかに気づかう情愛深い存在として描かれている。父親の描かれかたが、「栄達の手段でもある娘をかわいがる存在」という感じなのと対照的だ。

自覚的なものも無意識なものもまぜこぜになって、欲望はだれのなかにも存在する。あらゆる作品のなかに、作者の、時代の、そして受け取り手の、欲望がこめられていると言えるだろう。本書はそれを丁寧に解き明かすことで、『源氏物語』という作品が持つ時代を超えた魅力をつまびらかにする。同時に、表現とは、表現をせずにいられない、表現を感受せずにいられない人間とはなんなのかをも、問いかけてくる。

求めるものに応えてくれる

「なにか欲しいものある？」「立派な書庫のついた家」「ごめん、それは買ってあげられないから」「じゃあ、図書カード」「あのさあ、いま、あんたんちの近所のスーパーから電話してるんだってば！　『手みやげの食材はなにがいいか』を聞いてるんだってば！」

というような会話を、しょっちゅう友人と交わしている。つまり、わりといつでも本（漫画含む）のことしか考えていないのだ。

子どものころは、「よく本を読んでえらいわね」などと、たまに親戚のおばちゃんに褒められたりしたものだが、大人になっても本ばかり読んでいると、「ごくつぶし」扱いされる。「本を読むのもいいけど、あんた結婚どうすんの？　ねえ」などと、たまに親戚のおばちゃんになじられる始末だ。うんうん、いま読書中だから、その話はまた今度な。

本を読めば人格が磨かれ、知識が深まり、情緒が豊かになるかというと、そうでもないことは我が身で検証済みだ。むしろ、家に籠《こ》もる時間が多くなるので人見知りになり、脳内でこねる屁理屈だけは立派で、毒にも薬にもならぬ夢想に遊び疲れてさっさと就寝する。

そんな人間ができあがる可能性が高い。

だから、読書が嫌いなひと、読書以外の楽しみを知っているというひとに、無理に本を読めと勧める必要はないと、個人的には思っている。読書は、限りある生を、より楽しく深くまっとうするための、ひとつの手段にすぎない。

ただ、読書という手段もあるのだということを、いざというときのために胸にとどめておくのは、決して損ではないだろう。「いざというとき」とはたとえば、昼間に停電してしまいテレビが点《つ》かず、暇で暇でしょうがないときとか、だれにも打ち明けられない恥ずかしい秘密を抱え、「こんなことで悩んでいるのは、人類史上、俺だけではあるまいか」と孤独に打ちひしがれそうなときだ。

本は、人間の記憶であり、記録であり、ここではないどこかへ通じる道である。特別な機械も作法も充電器も必要なしに、時間と空間を超えた異世界へ、私たちを連れていってくれる。もし、さびしくてたまらなかったり、だれかの助言が欲しかったり、時間をつぶしたかったりするのに、どうしてもいい解決策を見つけられなかったら、読書という手段があることを思い出してほしい。

本は、求めるものの呼びかけに必ず応えてくれるだろう。

おわりに

おつかれさまでした。以上で本書はおしまいです。しかし息をつくまもなく再び幕を上げる。するするする。だれも拍手していないのに、勝手にカーテンコール。

まだまだ本や漫画について語りたりん！　というわけで、「おわりに」の名を借りて、「最近読んだ本」について記してみようと思う。なかなか終わらない設計の、『本屋さんで待ちあわせ』。生来のねちっこい性格を露呈しているようでお恥ずかしい。いつになったら待ちびとが来るんじゃ！　これじゃ「本屋さんで待ちぼうけ」だよっ。

終わらない設計をお詫びするつもりが、なんか途中から魂の叫びというかルサンチマンのたぎりというか、わけのわからない文章になってしまったが、とにかく行ってみよう！

＊

私は最近、このような本や漫画を読みました。

■『オスカー・ワオの短く凄まじい人生』ジュノ・ディアス・著／都甲幸治《とこうこうじ》、久保尚美《くぼなおみ》・訳（新潮社）

この小説を読んだの、二〇一一年の年末から二〇一二年はじめにかけてなので、全然最近じゃない。でも、ものすごくおもしろかったので、辛抱たまらずご紹介します。未読である、オタクである、小説が好きである。以上三点のいずれかにあてはまるかたは、ぜひともお読みになってみるのがよろしかろう。

オスカー青年のオタクっぷりとモテなさっぷりに、「ちょっと他人事とは思えん……」と思っていたのだが、オタク云々とは関係なく、終盤の展開に人類の希望を見る感があり、涙した。しかし、オスカーにかすかな嫉妬を覚えたのも事実だ（どんだけモテないんだ、私）。オスカーを取り巻く女性たちの物語の、神話的な残酷さとうつくしさ。語り手がだれなのか判明するときの爽快さ。小説を読むことで得られる楽しさと興奮が詰まった作品だ。語り口や膨大な註も含め、翻訳者が隅々まで気を配っているのがわかる。優秀な翻訳者のかたがいるおかげで、この傑作を日本語で読むことができ、語学センスゼロの身としての心の底から感謝した。

■『安藤昇の戦後ヤクザ史　昭和風雲録』安藤昇《あんどうのぼる》・著（ベストブック）

私の本棚には「ヤクザ本」コーナーがあり、そこに新たに加わった一冊。向谷匡史氏《むかいだにただし》が安藤昇氏にインタビューした聞き書き形式なのだが、ツボを押さえたやりとりで楽しく興味深い。写真もけっこう載っていて、安藤氏が渋くてかっこいい！

若い男女のなかには、安藤氏をご存じなくてポカンとしてるかたもおられるかもしれないが、安藤氏は元ヤクザの組長で映画俳優である。と説明しても、ポカンが深まるばかりかもしれないが、安藤組について描いた実録映画シリーズってのがありましてですね。なかでも私は、『安藤組外伝　群狼《ぐんろう》の系譜』（工藤栄一《くどうえいいち》監督）が異様に好きでしてですね！これには安藤氏は出演していないのだが、十数年ぶりに出所してきた中条《なかじょう》きよし演じる主人公が、ネオン満載の新宿を見て、「アメリカみたいだ」ってつぶやくんですよ！（ツイッターでつぶやくんじゃないですよ、車窓から夜の街を眺めてつぶやくんですよ、念のため！）もう、この一言だけでしびれる……！

いや、こんな調子で書いてたら何枚あっても終わんないので、このぐらいに留めておこう。『昭和風雲録』では、安藤氏のやんちゃ時代のあれこれが語られるのだが（「やんちゃ」どころじゃないエピソードばかりのような気もするが）、どれもこれもすごい。なかでも私は、「オートンの勝」というヤクザのエピソードが好きだった。オートンの勝は、我が子（赤ちゃん）が泣きだすと、自分のチンポコを握らせてあやしてやってたらしい。いいぜ！　しびれるぜ！　このよさ、みなさまにもきっとわかってもらえると俺は信ずる！

文庫追記：山口組分裂を機に、拙宅の「ヤクザ本」コーナーは領土拡大に拍車がかかっている。ルポとか実話誌系のムックとかが無数とも言えるほど出版されているためだ。どうすりゃいいんだ、と頭を抱えつつ、コンビニを鋭意巡回している（ヤクザ関連のムックは、コンビニが販路のことが多いようだからだ）。近所のコンビニで、たるたるのスウェットの上下を着たおじさんと、ラスト一冊のヤクザ関連ムックに同時に手をのばすという「運命の出会い」的瞬間があったが、むろんのこと断固かつ毅然とした態度で私がゲットした。こういう本は買い逃すと入手がむずかしいのだ。ヤクザ本収集に関してはわりと強気の姿勢で貪欲に攻める俺だ。

■『サンカとともに大地に生きる』清水精一《しみずせいいち》・著（河出書房新社）

著者は大正時代に、大阪のサンカと生活をともにした人物。この本で言うサンカとは、「寺社の門前などで物乞いをする集団」のことである。かれら独自のルールや習慣も興味深いのだが、著者の清水氏も相当変わっている。

若いころから求道的だった清水氏は、仏門に入り、一人で深い山奥に籠もった（ありあわせの植物を使い、小屋も自分で作った）。そしてなんと、松葉や木の実を食べて、一年以上も修業に励んだ。「狼などでも膝のうえに上ってきては戯れる（中略）犬や猫と少しも異らない」そうで、清水氏がいかに山と一体化していたかがうかがわれる。しかし、そばを離れようとしない雌の狸に対しては、「かなり性の衝動を感じた」とのこと。正直な清水氏であった。さしもの求道者も、煩悩をすべて振り払うのは無理だったか……。

そんなこんなで山を下りた清水氏は、サンカと暮らすようになるのだ。

ものすごく波瀾万丈なのに、文章は飄然《ひょうぜん》としていて、けれど情景が生き生きと浮かんでくる。「こういうひとがいたのか」と、驚きと感嘆の念に打たれた。読みやすくておもしろい本なので、ぜひにとおすすめします。

■『実録自衛隊パイロットたちが接近遭遇したＵＦＯ』佐藤守《さとうまもる》・著（講談社）

元自衛官の著者が、自身の経験や同僚への取材をもとに、「ＵＦＯ」について真剣に考察した一冊。ここで言うＵＦＯとは、「宇宙人の乗り物」という限定された意味ではなく、「未確認飛行物体」という意味である。自衛隊機にかぎらず、飛行機のパイロットのなかには、「正体不明の飛行物体や光を目撃した」と証言するひとがけっこういるのだそうだ。

未確認飛行物体が、ただ飛行してるだけならいいが（いや、正体が定かじゃなくて気味は悪いが）、接近遭遇すると計器に異常が生じることもあるそうで、事故にもつながりかねない。佐藤氏は、はなから「気のせい」と決めつけるのではなく、ちゃんと調査して対応や対策を取ったほうがいい、と主張している。

宇宙人の乗り物が地球へ来ているかどうかは、私にはよくわからない。でも、正体不明の飛行物体や光は、そりゃ存在するだろうなと思う。もし、見まちがいや気のせいなのだとしたら、どうして見まちがいや気のせいが発生したのか、究明したほうがよさそうだ（なにしろ飛行機を操縦中なのだから、見まちがいや気のせいを生じさせる要因があるのだとしたら、それを明らかにしておいたほうが安心かつ安全だ）。

ＵＦＯと接近遭遇した人々の証言がなまなましく、大空にはまだまだ不思議がいっぱいあるんだなと思った。ロケットを飛ばして宇宙を探索するのもいいが、空とか海とか地中とか、地球にもまだまだ未知の世界が残されているんじゃあるまいか。「未確認飛行物体って、そんなに飛んでるのか」と、ちょっとこわくなりつつも、ロマン広がる一冊だ。

■『探検家、36歳の憂鬱』角幡唯介《かくはたゆうすけ》・著（文藝春秋／文春文庫）

角幡氏の冒険ノンフィクションが好きなので、初のエッセイ集も手に取ってみた。これがまた、とてもおもしろい。合コンでモテなくなった理由を真剣に推理していく文章など、腹筋がよじれた。いや、笑ってる場合じゃない。命がけの冒険をしている角幡氏すらモテないのだとしたら、家でゴロゴロ漫画読みながら仕事している四捨五入して四十歳の小説家がモテる道理がない。早急になんらかの手を打たなければ……！

「ものを書く＝なにかを表現する」ことが、現実の自分の行動にもなんらかの影響を与えてしまう。その危険性について考察した文章には、深くうなずき、考えさせられた。たとえば、なにかいやな出来事に直面したとして、「でも、これはエッセイのネタになるかもしれないな」と頭の片隅で計算をめぐらせている自分を、私は否定しきれない。そうなると現実の自分の行動が、（エッセイのネタを得るために）危険かつ過激な方向へ突っ走ってしまう、ということは充分ありえる。

どこで踏みとどまり、自分や他者に対して誠実な姿勢で表現するか、私ももっと考えねばなるまいよ、と肝に銘じたのであった。

ちなみに、ＡＫＢ48を好きじゃないふりを必死にする角幡氏、というのも、本書の読みどころのひとつである。涙ぐましい努力……。日常生活のあちこちに、硬派な冒険家を陥れんとするトラップが仕掛けられている。がんばれ、角幡氏！　と声援を送った。たぶん周囲のひとには、角幡氏がＡＫＢ好きなことは完全にバレバレなんじゃないかな、という気もしたが。

■『オリンポスの咎人《とがびと》　ギデオン』ジーナ・ショウウォルター・著／仁嶋《にしま》いずる・訳（ハーレクインＭＩＲＡ文庫）

シリーズ最新刊が出た！　ロマンス小説です。『オリンポスの咎人』シリーズは、「ブダペストにある館に住む、うつくしい男たち。彼らは実は、罪を犯してギリシャの神々に呪いをかけられた、不死身の戦士なのである。体内に『魔物』を封印されている彼らは、運命の女性と相思相愛にならないかぎり、心の平安を得られないのだった」という感じの話だ。シリーズを通して大きなエピソードも進行中なのだが、一冊ごとに、「うつくしい男たち」のなかの一人が主役になり、彼にとっての運命の女性と結ばれるまでが描かれる。

このシリーズは、いろんなタイプの美男美女の恋物語が読めて、おすすめです。

もっとゴツくてマッチョな体型の男性と恋したい！　というかたには、

■『ブラック・ダガー』シリーズ　J・R・ウォード・著／安原和見《やすはらかずみ》・訳（二見文庫）を勧めます。こちらは、「ニューヨーク州コールドウェルにある館に住む、筋骨隆々で美麗な男たち。彼らは実はヴァンパイアで、運命の女性と相思相愛にならないかぎり、心の平安を得られないのだった」という感じの話だ。ついさっき、そういう話を聞いたような……、と思うかたもいらっしゃるかもしれないが、細かいことは気にしちゃダメだ。

『ブラック・ダガー』シリーズも、個性的で魅力的な男性が多数登場し、それぞれ美女と切なく熱い恋模様を繰り広げてくれるので、胸がキュンキュンする。なによりいいのは、そろいもそろって、身長二メートルはある筋肉ムキムキ男ばかりだってこと。日本の少女漫画やBLを読んでいても、さすがにここまでのマッチョには、なかなかお目にかかれない。ゴリラ系の男性にたまらないエロティシズムを感じる私としては、やにさがります。

こういう「人間ではない存在」を主人公にした話は、「パラノーマル・ロマンス」と呼ばれ、ロマンス小説界で大人気のようだ。ほかにも、

■『闇の一族カルパチアン』シリーズ　クリスティン・フィーハン・著／島村浩子・訳（二見文庫）

があり、こちらは「カルパチア山脈にある館に住む、うつくしい男たち。彼らは実は、『カルパチアン』と呼ばれるヴァンパイア的な種族で、運命の女性と（以下略）」という感じの話だ。「全部おんなじじゃん！」と思われるかもしれないが、ちがうの、全然ちがうの！　それぞれのシリーズに独自のよさがあって、うっとりしたいひとには、とにかくおすすめです。

パラノーマル・ロマンスだけでも、複数のシリーズを読んでるから、そりゃあ現実で恋なんかしてる暇はないよな。って言い訳、私これまで百回ぐらい言ったり書いたりしてるよな。ロマンス小説から得た知見を、実践にどう反映させるか。それ以前に、実践に反映させられるような知見なのか否か。そのあたりについて、自分ととくと対話せねばならぬ。

次に、漫画を紹介しよう。

■『千年万年りんごの子』田中相・著（講談社、全三巻）

りんご農家に婿入りした雪之丞は、妻や妻の家族と穏やかな生活を送っていた。ところが、ある日……。

画力が高く、北国の澄んだ空気、甘いりんごの香りまでが伝わってくるかのようだ。そこに、村の風習というか謎のしきたりが滲みだしてきて、話は一気に不穏さを増す。まだ一巻しか出ていないが、今後どう展開していくのか、つづきが楽しみでならない作品だ。

文庫追記：『千年万年りんごの子』は不穏さと緊迫感を保ったまま、私などの予想を覆すラストを迎えた。けっこうシビアな展開なのだが、登場人物たちのぬくもりと透明感が画面に充溢していて素晴らしかった。

■『主に泣いてます』東村《ひがしむら》アキコ・著（講談社、全十巻）

■『かくかくしかじか』東村アキコ・著（集英社、全五巻）

東村アキコのおもしろさは、もはや改めて申すまでもないが、この二つの漫画はいずれも「絵画」の世界を題材にしており、爆笑のギャグ波状攻撃のなかに、絵を描くことに取り憑かれた人々の狂気や執念や業といったものが時折ほの見え、慄然《りつぜん》かつ粛然《しゅくぜん》とする。とはいえ大半のページで、腹抱えて笑いころげているんですが。

深刻な状況や真剣な思いを、深刻さや真剣さそのままに表現するのは、わりとだれでもできる。笑いや軽妙さをこれでもかとまぶして読者に提供するところに、東村氏の矜持《きょうじ》と技を感じ、「ほんとにいい！」とつくづく思うのだった。

文庫追記：『主に泣いてます』も『かくかくしかじか』も完結した。この二作、私はものすごく好きだし、業がある種の諦念とともに救いに転じる瞬間が描かれていて、本当にすごい作品だと思う。くしゃみして水っぱなが飛びでちゃうときぐらいの勢いで、目から水分がドバッと噴出した。水っぱなのたとえはいらなかったか……。でも、安易に「泣けた」などとは言い表したくなかったのである。

■『お慕い申し上げます』朔《さく》ユキ蔵《ぞう》・著（集英社、全六巻）

お坊さん漫画は、『ファンシィダンス』（岡野《おかの》玲子《れいこ》、小学館文庫、全五巻）や『ぶっせん』（三宅乱丈《みやけらんじょう》、太田出版、上中下巻／講談社、全六巻）など、これまでも傑作があったが、本作は新たなお坊さん漫画の傑作になりそうな予感がする。主人公は「妻帯しない」と決めており、しかし当然、その決意が揺らぐような事態がいろいろ起きる。日本の仏教における妻帯問題を突いた漫画は、いままでなかったんじゃあるまいか（私は思い当たる作品がない）。二巻が出たばかりなのだが、早くもつづきが待ち遠しい。

文庫追記：これまた「泣けた」などという言葉を使用できないほど、壮絶な境地に至った作品。まさかこういう展開になるとは……。いやもう、四の五の言わずにとにかくお読みいただきたい。まごうことなき傑作。この漫画のあとに、お寺や仏教を題材にした作品を書くとなったら、相当の決意と深い思考を要求される。私は一時期、お寺の取材をしてみようかと思っていたことがあるのだが、本作を読んでやめた。これほどの気迫と覚悟は私にはないとわかったからだ。ただただ、この作品を読めたことに感謝している。

■『WOMBS』白井弓子《しらいゆみこ》・著（小学館、全五巻）

つづきが待ち遠しいといえば、『WOMBS』もそうだ。白井氏は本当に独特な漫画を描くひとだが、これもすごい発想のSFで、「妊婦が前線で戦う話」である。妊娠状態にないと、前線で戦うための能力が発動しないので、女性たちは人工的に妊娠して兵士となる。女性や母性といったものに対する「常識」に、揺さぶりをかけてくる作品。まだまだ解明されていない謎がちりばめられており、どういう決着になるのか目が離せない。

文庫追記：『WOMBS』を最終巻まで読むと、女性たちの描かれかたがすごくいいんだなってことがいよいよはっきりする。妊娠に必ず伴う身体性はしっかりと描写し、けれど「母性」という曖昧な概念には決して流れず、登場する女性たちはみなそれぞれの考えと感覚と感情と心理を有した「人間」なのである、という大前提に立っている。それゆえ、むちゃくちゃかっこいいと同時に、彼女たちの痛みや叫びが胸に迫るのだ。すぐれたSFが総じてそうであるように、本作で描かれる戦争とその顚末も、予言の響きを帯びていて慄然とする。

■『白い本の物語』重松成美《しげまつなるみ》・著（小学館）

■『BABEL』重松成美・著（小学館、全五巻）

『白い本の物語』で製本職人を描き、紙の本へのフェティッシュな愛情を見事に表現した重松氏が、今度は本をめぐるSFファンタジーを始動させた。これも発想が素晴らしい。「あらゆる情報資源を蓄積、ネットワーク組織化した、超情報構造体ビブリオテック」が存在する、未来の世界が舞台だ。つまり、ものすごく高性能の電子書籍が普及しているので、紙の本はもはや、なつかしくめずらしいものになっている。ところが、仮想電子図書館である「ビブリオテック」に、原因不明の異変が起こっていた——。

文庫追記：いやもう漫画界ってどうなってんのかな、と思うほどすごい作品が続々と生みだされているが（そしてそれはいまにはじまったことではないが）、『BABEL』もまた、見事な結末だった。コミュニケーションとはなにか、物語はなぜ生成されるのかを問う展開で、「ぐおお、いい……！」とまぶたと心が熱くなった。あともう一点、本作をはじめ、ここに挙げたような作品は、ひとの「さびしさ」について描いているから心打たれるのだなと改めて気づけた。念のため申すと、「きみと出会えたぼくはもう一人じゃない」的なレベルのさびしさのことではない（私は近年の流行歌を聞いて、「だれかと一緒にいりゃ拭われるようなさびしさはさびしさじゃねえ！」と吼えがちだ。だったら聞かなきゃいいのに……。頑固なおじいさん化が著しく、前項とはべつの意味で慄然とする）。

いずれも、漫画表現は本当に多彩で高水準にあるなと思わされた作品ばかりだ。興味を惹かれたものがあったら、ぜひお手に取ってみてください。

最後に、BLを紹介しよう。最初の四冊が小説、あとは漫画である。ほかにももっとたくさん、いい作品があるのだが、紙幅の関係で紹介しきれない。とりあえず、最近読んだなかで、拙宅のBL山脈から発掘しやすかったものを取りあげる。

■『ステノグラフィカ』一穂《いちほ》ミチ・著（幻冬舎ルチル文庫）

国会の速記者と、新聞社の政治部記者が主人公。膨大な数のBLを読んできた自信があるが、主人公が就いている職業が「速記者」というのははじめてだ。パソコンが導入され、国会でも速記者の新規採用はしていないようだ。いずれは消えていってしまうかもしれない速記の技術を通し、記録することと、ひとに伝えることとはなんなのかが、恋物語として表現されている。繊細な心理描写に、思わず涙したシーン多数。同時に、一穂氏が書く攻の男性は、絶妙に男性っぽいというかおっさんっぽいというか、「いるいる、こういうひと」というリアリティーがある。あ、「『攻』ってなに？」という質問は、この場では受け付けておりません。説明が面倒くさ……、いやいや、すみません。
文庫追記：『ステノグラフィカ』は、実は「新聞社シリーズ」という人気シリーズの一冊でして、ほかにも『is in you』『off you go』『アンフォーゲタブル』、番外編として『ペーパー・バック1』『ペーパー・バック2』（いずれも幻冬舎ルチル文庫）が出ております。登場人物が微妙に重なってはいるけれど、どれから読んでも大丈夫！　そしてどの作品も、むっちゃいい！「報道の現場ってこういう感じなんだろうなあ」と説得力があるし、女性の登場人物も「添え物」ではなく気持ちや考えがちゃんと描かれるし、なにより恋愛にまつわる心の動きが「キュン死させる気か！」というほど丁寧だ。たまらん。たまらんよ。

■『執事と画学生、ときどき令嬢』小林典雅《こばやしてんが》・著（新書館ディアプラス文庫）
BLの登場人物や舞台設定、テイストは多岐にわたるが、コメディはわりと少ない（特に小説においては）。そんななかで小林氏は、「爆笑できる楽しいBL小説」を書いてきた。

本作は、小林氏の作品のなかでは笑いの要素が少なめだが、それでも十二分に楽しい。男爵令嬢の代わりに、画学生が女装して、侯爵さま（美形）との見合いに臨むことになる。この場合BL的には、画学生は侯爵と恋に落ちるパターンが多い。ところが文庫の「あらすじ」によると、画学生の恋の相手は、男爵家の鬼執事なのである。

え、そっち？　画学生がどうやって鬼執事と恋仲になるのか、わくわくと読み進むことができた。

小林氏の作品が素晴らしいのは、笑えて愉快なところだけではない。登場人物すべてが、高速で空回りしているような変人ぞろいでありながら、とても心優しく、相手を思いやる思慮深いひとたちであるところだ。全員の恋が成就しますようにと、読みながらいつも全力で応援してしまう。

■『斜光線　人肌の秘めごと』沙野風結子《さのふゆこ》・著（海王社ガッシュ文庫）

「この話、以前に読んだことあるな」と思ったら、過去に他社から文庫で出たものを改稿した新装版だった。なるほど。

沙野氏は現代物からファンタジーまで幅広く書いており、ちょっと変わった設定のものも多い。そして、登場人物に水も滴る色気がある。本作は現代物で、風来坊的カメラマンと真面目な勤め人の恋が描かれ、「大好物でござる！」と読みながら一人吼えた。あまり大きな声では言えないが、沙野氏の書くエッチシーンは、まじでエッチだと私は思う。特に長いページが費やされているわけではないのだが、「ぬおお、この表現はいままでお目にかかったことない！」と思えるエッチ描写が必ずある。

主役二人が、さまざまな心情の変遷があったすえに、最後は身も心も結ばれる、というのがBLの常道だ。BLにおいては、エッチシーンも非常に重要なのである。にもかかわらず、「気の抜けたセックスしやがって！」と怒髪天《どはつてん》を衝《つ》くようなエッチシーンも、けっこう散見される。人生の大半の時間を投入してBLを読んでるんだから、俺の鼻息を荒くするようなエッチシーンを頼むぜ！　と言いたくもなる。沙野氏の書くエッチシーンには、気のゆるみがまったくなく、エロティシズムが充満しているので、安心だ。

って、私はなぜこんなに熱くなって、エッチシーンについて語ってるのだろうか。自重したい。

■『ウサギの王国』松雪奈々《まつゆきなな》・著（幻冬舎ルチル文庫）

自重したいと言った直後に、またもエッチシーンについて語ってしまうが、この作品のエッチもいい！

ある日、受の男は大きな穴に落ち、気がついたらウサギの耳が生えた人々の住む世界にいた。あ、『『受』ってなに？』という質問は、この場では（以下略）。ほかにも、「大きな穴？」とか「ウサギの耳が生えた人々の住む世界？」とか、いろいろ疑問がおありかと思うが、そういう設定の話なのです！

ウサ耳族は、日本語をしゃべる。しかし、生活習慣や言葉の解釈が、我々の住む日本とは微妙に異なる。受の男はウサ耳族から、一族を救う伝説の「兎神」だと誤解され、一族の王の奉仕を受けることになるのだった。

ウサギは性欲旺盛な生き物である。そんなウサギの耳を持つ一族の「奉仕」とは、当然、エッチを意味するのである。

私のようなウサギ好きには、たまらん設定だ（いや、いくらウサギ好きだからといって、ウサギとまぐわいたいとはさすがに思わないが）。なにしろ、一族の王である攻の男に、もふもふしたウサ耳が生えているのだ。か、かわゆい……！

しかしなにより、異文化と接したときの驚きや、互いにおずおずと歩み寄る感じや、習慣のちがいから大きな誤解が生じてしまうあたりが、とても丁寧に描かれているところがいい。習慣や言語感覚のちがいが、エロティシズムや切なさを醸しだす役割も果たしていて、すごくうまいなあと感じ入った。

BLとウサギがお好きなかたには、必読の書です。我が心の「ウサギ本」に、殿堂入りだ！

文庫追記：本作もシリーズ化されまして、『ウサギの国のナス』『ウサギの国のキュウリ』（いずれも幻冬舎ルチル文庫）が出ております。なんなんだこのタイトル、と思われるかもしれませんが、登場人物の名前がそれぞれ「那須」さんと「九里」さんでして……、って説明するだけ野暮というものだな。ウサギの愛らしきもふもふ感と猛々しき性欲はシリーズを通して健在！　スピンアウト形式なので、どの作品からでもお読みいただけます。そういうところが、BLって基本的に親切設計だ。見習わねばならぬ（本書211ページ以来、二度目の決意）。

……太宰治とBLに見習うとどこへたどりつくのか、自分でもよくわからないが。

■『パパ'sアサシン。　龍之介は飛んでゆく。』SHOOWA《ショーワ》・著（大洋図書）

高校生の龍之介は、フェロモン過多な父親・ダニエルに恋している。実は龍之介は、ダニエルと血はつながっていない（龍之介は、その事実を知らない）。龍之介の出生にも、ダニエルの過去にも、いろんな秘密があるようで……。

これはまだ完結していない作品なのだが、もう、一推し！　一推し！　すごくおもしろいです。私の友人知人のあいだでも大評判で、一時期「so sexy！（↑作中でのダニエルへの形容）」という言葉がはやった。一応、語り手がダニエルの回と龍之介の回があるのだが（そしてだんだん、語り手がだれなのか、という点は曖昧になっていくのだが↑そのあたりの作者の自由奔放ぶりも好ましい）、ナレーションを表す四角い枠のなかで、ダニエルが「なんとかまともに育ってくれてよかったよ」と龍之介のことを評する。しかし同じコマで描かれているのは、龍之介が友人男女と3Pしてるところなのだ。

なんなの、このノリ……！　と、おかしくてたまらない。視点人物を固定する必要がなく、三人称的な俯瞰の立場からも、一人称的な心情にぐっとフォーカスした立場からも、自在に物語れるのが漫画のいいところだと思ってきたが、本作ではあえて視点人物を固定させて、ナレーションと情景とのずれを生じさせる。おバカなコメディのようでいて、かなりテクニカルだ。絵もうまくて、龍之介がほんとにかわいく、ダニエルがso sexyなので、ぜひ読んでみていただきたい。

文庫追記：本作の二巻は、『パパ's アサシン。ダニエルは飛んでゆく。』というタイトルで刊行されている。龍之介はますますチャームにあふれ、ダニエルの過去がいよいよ明らかになりつつあり、あといろいろあって二人は国外脱出し、物語は独特なノリを有したまま本格的な陰謀活劇物の様相を呈してきた。けっこう正確にあらすじを述べているつもりなのに、説明すればするほど「どんな話や」と思われてしまいそうなのはなぜだ。ええい、一言で言えば「絶好調のおもしろさ」だってことだ！

三巻の副題ではだれが飛ぶのかも気になる。

■『新宿ラッキーホール』雲田《くもた》はるこ・著（祥伝社）

絵がうまいといえば、雲田氏の絵と漫画のうまさは尋常ではない。本作では、（ゲイビデオの）ポルノスターである主人公の来し方と日常が描かれる。もうねえ、ヤクザの「サクマさん」との過去が、たまりません！　切なくて、しみったれてる部分すらもかわいらしくて愛おしいの！

ＢＬは苦手、というかたには、雲田氏の『昭和元禄落語心中』（講談社、全十巻完結）のほうをおすすめするが（これも傑作です！）、しかしＢＬも読むと、人間の業や薄暗い部分、それでも射す希望の光を、軽快でチャーミングな登場人物を通し、雲田氏が一貫して描いていることがよくわかる。すごい才能の持ち主がいるものだ。

文庫追記：『新宿ラッキーホール』は二巻が発売された。冴えわたる線と構図にしびれまくった……！　ああああたしはサクマさんが好きだー！

サクマさんと苦味ちゃん（主人公）って、リバじゃないですか。あ、「『リバ』ってなに？」という質問は（以下略）。ＢＬにおいてはまだまだ少数派なリバだが、実は甲殻類とどっちを取るか悩むぐらい、小生の大好物でしてね。空腹時は食欲に負けて甲殻類に飛びつくかもしれませんけど、満腹だったらそりゃあリバ一択だというほど、真剣にリバを追い求めてるんですよ。その点でも、本作は満点！　満点のリバ！　ありがとう、ありがとう！

おいら、そろそろ落ち着いてもいいお年ごろだよな。でもしょうがないの。素晴らしいＢＬのまえでは、理性など塵芥《ちりあくた》に等しいものと化すのだ。

■『憂鬱な朝』日高《ひだか》ショーコ・著（徳間書店、全八巻）

すごい才能といえば、日高氏もそうで、美麗な絵と緊張感あふれる展開で、物語にぐいぐい惹きこまれる。本作は華族が存在した時代の日本を舞台に、有能な執事と心優しい坊ちゃんの愛憎が描かれる。いろいろなひとの思惑が交錯し、出生の秘密も絡んできて、もう、主人公二人がどうなるのかさきが読めない。新刊が出るたびに、切なさと熱狂と二人の幸せを願わずにはいられぬ気持ちが渦巻き、「ぐおおー!」と身もだえしている。

BLって、ほんとにすごくないか! ストーリーも絵も表現方法も、ここまで高いレベルの作品がわんさかあるんだぜ! 私が読書中にそう叫びたくなる漫画家の一人が、日高氏である。

文庫追記:『憂鬱な朝』はめでたく完結した。全八巻という長期連載はBLではめずらしく、本作の人気がうかがわれる。それも納得のクオリティーで、建物などの時代考証もすごくきっちりしている感じがするし、恋愛面のみならず登場人物たちの政治的な駆け引きもスリリングで、すこぶる読みごたえがあった。主人公二人がどうなるかは、ここでは触れずにおくが、「ずっと読んできてよかった!」と心から思えた作品だ。ありがとう、ありがとう……!(また落ち着きを失っている)

■『500年の営み』山中《やまなか》ヒコ・著(祥伝社)

山中氏もまた、ものすごく漫画がうまい。そして、切ない。この作品も、涙なくしてはラスト付近を読み通すことができず、俺の枕は梅雨時に取りこみ忘れたフンドシぐらいにびしょ濡れになった。涙で曇る目をぬぐい、やっと本編を読んだと思ったら描き下ろしの短篇も入っており、ここでまた涙腺が決壊。俺の枕は暴風雨のなか取りこみ忘れた（以下略）。

悲しいから泣くのではない（むろん、哀しみも切なさも描かれた作品であるのはたしかだが）。物語を通して、ひとの心の真実に触れることができたから泣くのだ。

■『天国も地獄も』西田東《にしだひがし》・著（竹書房）

西田氏も、ずるさも醜さも含めて、人間の真実を描く漫画家だ。おもしろさと実力はすでに折り紙つきだが、本作も素晴らしい。人間と暴力、人間と恐怖の、本質に迫る展開を見せる。けれど同時に、壮絶かつ崇高な恋物語にもなっており、さらにユーモアもふんだんに盛りこまれているという、「どうなっとんじゃ、こりゃ。どうしてこういう話を描けてしまうんや、天才ってやつは！」と、腹を見せて完全降伏するほかない傑作。

西田氏の漫画を読んだことがないひとには、「あなたはまだ、人生における本当の喜びを知らないのではありませんか？」と、胡散臭《うさんくさ》い宗教家のように、コミックス片手ににじり寄っていきたい。

いやはや、キリがないので、「最近読んだ本や漫画」の紹介は、このあたりで終了とさせていただきます。

みなさま、長らくおつきあいいただき、どうもありがとうございました。「これ読んでみようかな」とか、「そうそう、私もこの本を読んだんだけど、たしかに楽しかった！」とか、少しでも感じていただければうれしいです。

＊

エッセイ集『お友だちからお願いします』に引きつづき、装画を描いてくださったのは、スカイエマさんです。『本屋さんで待ちあわせ』と『お友だちからお願いします』を並べると、おやおや、装画につながりが……？　みなさま、どうぞ二冊ともお手もとに揃えて（CM）、装画をじっくりとご覧になってみてください。

スカイエマさん、遊び心のある素晴らしい装画を、どうもありがとうございます！

エッセイや書評をご依頼くださった、新聞・雑誌の担当者のみなさまにも、御礼申しあげます。掲載時の見出しを、本書でもそのまま使わせていただきました。

大和書房の長谷部智恵さん、かっちょいい装幀をしてくださった盛川和洋さん、大変お世話になりました。おかげさまで、エッセイ集、書評集と、つづけて刊行することができました。深く感謝しております。

本を読んで感じたことを、一人で嚙みしめることも、だれかと話しあうこともできる。各人が読みたい本を自由に選択し、自由に味わうことができる。だから、読書は楽しくて奥深い。本にまつわる文章を書くたびに、そう実感します。他者が自由に選択し味わうことを阻害しないよう心がけながら、今後も本や漫画を読んでいきたいなあと思っています。

それでは、今度こそ幕を下ろしましょう。するするする。

いやあ、本や漫画って、本当にいいものですね！　サヨナラ、サヨナラ、サヨナラ！

（淀川長治さん調）

またどこかでお会いできれば幸いです。私はたいがい、本屋さんを徘徊しております。お会いするとしたら、待ちあわせ場所はもちろん、本屋さんで決まり、ですね！

お読みいただき、どうもありがとうございました。

二〇一二年八月

三浦しをん

文庫版あとがき

おつかれさまでした。するするする。

いや、幕を下ろすのがちょっと早かった。単行本にひきつづき、文庫も、装画はスカイエマさん、装幀は盛川和洋さん、担当編集者は長谷部智恵さんという布陣（？）でお送りいたしました。お三方に心より御礼申しあげます。少しまえに出た拙著『お友だちからお願いします』（だいわ文庫）と、対になるイラスト、デザインになっておりますので、ぜひ二冊ともお買い求めいただき……、って、いかんいかん！　太宰治の含羞の精神を見習おうと決意したというのに！

まえがきにも記したとおり、最近あまり本を読んでいないのだ。本書の『平家物語』に触れた項あたりで薄々お気づきになられたかたもいるかもしれないが、ＥＸＩＬＥ一族にはまってしまったからだ。なにしろ一族はおびただしい数の人員で構成されているうえ、各方面で活躍を繰り広げている。すべての情報を把握せんと、寝るまえにスマホをぽちぽちいじるのだが、到底追いつかない物量だし、スマホの操作に慣れてないから時間かかるし、このうえ本を読もうとなったら、もう睡眠時間を削るしかない。
そんな状況のなかで読み、おもしろいなと思った本を挙げてみます。

■『眠れない一族　食人の痕跡と殺人タンパクの謎』ダニエル・T・マックス・著／柴田《しばた》裕之《やすし》・訳（紀伊國屋書店）

一族のせいで眠れない私にぴったりのタイトルだが、中身はかなりシリアスなノンフィクションだ。イタリアのある一族は二世紀にわたって、「致死性家族性不眠症」という病に苦しんできた。突如としてまったく眠れなくなり、どんどん衰弱して、発症から一年強で亡くなってしまうのだ。遺伝性のプリオン病なのだそうだが、狂牛病もプリオン病（「異常をきたしたタンパク質によって引き起こされる病気」）だ。狂牛病は、肉骨粉をエサとして食べた牛がなる。いわゆる「共食い」がプリオン病の契機となるようなのだ。

本書は、プリオン研究の歴史をわかりやすく説明しつつ、プリオン病の謎に迫っている。人類は太古から、人間を食べてきた。何十万年も昔にひとがひとを食べたことが、食人習慣があるわけではないイタリアの一族を、現在進行形で苦しめているらしい。だれにとっても決して他人事ではないし、なんとか治療法が確立されるといいのだが……。なぜ人類が、「基本的には食人はタブーだ」と認識してきたのかもうかがわれ、文化人類学的な観点からも非常に興味深い一冊だなと思った。

■『死に山　世界一不気味な遭難事故《ディアトロフ峠事件》の真相』ドニー・アイカー・著／安原和見・訳（河出書房新社）

一九五九年、ロシアのホラチャフリ山で不可解な遭難事故が起きた。冬山登山をしていた九人の大学生が、テントから離れた場所で、服を着ていなかったり舌がなくなったりした姿で亡くなっていたのだ。いったい、かれらになにが起きたのか。大々的な捜査が行われたが謎は解明できず、遭難から半世紀以上経っても、さまざまな陰謀論が囁かれつづけることとなった。

その謎に挑戦したのが、本書の著者だ。アメリカ人の著者は、好奇心にかられてロシアに行き、ロシア語もよくわかんないのに、積極果敢に関係者や、この遭難事故を独自に調べているひとたちに取材する。実際に事故現場にも行ってみて、雪と寒さにひーひー言う。著者の人柄がほんとによくて、言語の壁を超えてロシア人とどんどん親交を深めていく様子がとても楽しい。亡くなった大学生たちへの眼差しも誠実だ。一人一人の人物像が生き生きと伝わってきて、冷戦下のロシア（当時はソ連）の学生たちの青春群像劇としても、非常に味わい深く感動的なノンフィクションになっている。

もちろん遭難事故の謎も、納得のいく形でちゃんと解き明かされる。そのこと自体もすごいが、やはり私は、亡くなった学生たちや遺族、謎に挑戦してきた人々に対して、常に敬意をもって取材する著者の姿勢が、なによりも素晴らしいと思った。

あと私、安原和見さんの訳が好きみたいです。単行本版のあとがきで挙げた『ブラック・ダガー』シリーズを訳したのも安原さんで、小説でもノンフィクションでもすごく読みやすい日本語訳になっているし、人物の肉声が伝わってくるみたいだから。好みの翻訳者を見つけ、そのひとの訳した本を軒並み読んでみるというのも、思いがけない出会いがあって楽しいかもしれませんね。

以上の二冊は、ひとからおすすめいただいた。ノンフィクションは好きだけど詳しくないので、「これ、おもしろいよ」と教えてもらえるのはありがたい。おすすめしあえて、そこからまた話題が広がって、というのも、読書の喜びのひとつだ。

うおお、もう紙幅がないじゃないか！

ほかにも、『ノモレ』（国分拓《こくぶんひろむ》、新潮社）がすごくよかった。アマゾンのジャングルに住む、文明社会とまったく未接触の人々。かれらが突如として、文明化した先住民の村の近くまでやってきたから、村人たちは驚き、混乱やさまざまな軋轢が生じる。テレビで「NHKスペシャル　大アマゾン　最後の秘境」をご覧になったかたも多いと思うが、あの番組のディレクターが、本書の著者です。「大アマゾン」の取材をもとに書かれた『ノモレ』では、さらに驚きの事実が判明するので必読！　「語り伝える」とはなんなのか、相手を理解するとはどういうことなのか、胸に迫る筆致で問いかけてくる。

国分氏は『ヤノマミ』（新潮文庫）という、これまた傑作ノンフィクションも書いている。未読のかたは、ぜひ併せてお読みになってみてはいかがだろう。「文明ってなんなんだろうなあ」と思わずにはいられないし、文字の発明によって失われていった、「語り」の世界についても考えてしまう。文字で記すしかない小説は、「語り」の世界の深淵にどこまで迫れるのだろう……。

ノンフィクションの紹介ばかりになってしまったが、小説だと『雪の階《きざはし》』（奥泉光、中央公論新社）がサイコーにおもしろかった。異界への扉が開く瞬間が表現されていて、「書くひとが書けば、小説においても『語り』の世界の深淵に迫れるんだな」と実感できた。あたしには絶対に無理で、またも奥泉氏の小説にシャッポを脱がされる。しょんぼりシャッポ……。あ、なんか「しょんぼりシャッポ」ってかわいいな。元気出た（すぐ元気になる）。

うわ、頼んでないのに幕が下りてきた〜！　まだまだ本についてしゃべりたいのに〜！

お読みいただき、どうもありがとうございました。みなさまの読書生活に幸多かれとお祈りしております。

二〇一八年十二月

三浦しをん

本書は二〇一二年一〇月に小社から刊行された同タイトルの作品に加筆・修正し文庫化したものです。

三浦しをん（みうら・しをん）

一九七六年東京都生まれ。早稲田大学第一文学部卒業。

二〇〇〇年、長編小説『格闘する者に○《まる》』でデビュー。

二〇〇六年『まほろ駅前多田便利軒』で直木賞、二〇一二年『舟を編む』で本屋大賞、二〇一五年『あの家に暮らす四人の女』で織田作之助賞を受賞。

その他の小説に『風が強く吹いている』『光』『神去なあなあ日常』『政と源』『ののはな通信』『愛なき世界』、エッセイに『あやつられ文楽鑑賞』『悶絶スパイラル』『ビロウな話で恐縮です日記』『お友だちからお願いします』『ぐるぐる♡博物館』など、多数の著書がある。

だいわ文庫

本屋《ほんや》さんで待《ま》ちあわせ

著者 三《み》浦《うら》しをん

二〇一九年二月一五日第一刷発行

発行者 佐藤靖

発行所 大和《だいわ》書房
東京都文京区関口一-三三-四 〒一一二-〇〇一四
電話 〇三-三二〇三-四五一一

フォーマットデザイン 鈴木成一デザイン室

本文デザイン 盛川和洋

本文印刷 信毎書籍印刷

カバー印刷 山一印刷

製本 小泉製本

ISBN978-4-479-30741-9
乱丁本・落丁本はお取り替えいたします。
http://www.daiwashobo.co.jp